JN007413

The Physical Internet

フィジカルインターネット

企業間の壁崩す物流革命

著 エリック・バロー
ブノア・モントルイユ
ラッセル・D・メラー

訳 荒木 勉

L'internet physique

La Documentation française

訳者まえがき

日本には台風が毎年襲来し、暴風、豪雨が各地に被害を及ぼします。冬には豪雪もあります。戦後だけでも、伊勢湾台風、三八豪雪があり、阪神淡路大震災が発生しました。その後も東日本大震災があり、熊本地震や記録的な豪雨での地滑りなどで広範囲にわたる地域の鉄道や道路が倒壊し、食料品や衣料品、日用雑貨などの生活必需品のサプライチェーンが寸断されました。災害現場では、さまざまな企業が共同して物資の輸送に奔走しました。

1996年に日清オイリオ、カゴメ、ミツカン3社が東北で共同配送を始めました。3社で条件を調整して実施できたのでした。他の加工食品が加わろうと申し出ましたが、条件が合わず、叶いませんでした。味の素は、当時10ｔ車が満杯で出荷しており、共同配送など全く関係が無いと言っていましたが、最近では共同配送の旗振り役となっています。それだけ、社会情勢は変化しています。

遡って、1974年にセブン-イレブンが誕生し、1976年にヤマト運輸の宅急便が稼働し始めました。これらのビジネスモデルによって消費者の生活は、より楽しく、より豊かとなりました。しかし、最近ではコンビニの24時間営業に疑問を感じる人も多くなっています。また、女性の社会進出が進み、共働き家庭が増加し、ネット通販での購買が多くなるとともに、共働き故の不在が多く、再配達が急激に増加しました。奇しくも、トラックドライバー不足が追い打ちとなり、「宅配クライシス」が社会問題となりました。

このような物流を取り巻くさまざまな問題が明らかになるにつれて、解決の糸口としてフィジカルインターネットが注目されるようになりました。私は「究極のオープンな共同輸送・共同配送」と考えています。物流センターやトラック、物流機器およびシステムなどをシェアすることが原則です。フィジカルインターネットを構築すれば、誰でも、いつでも、どのような荷物でも、共同で配送するシステムに預けることができるようになります。荷物を預かる物流関係者も設備稼働率やトラック積載率も上がり、効率が向上し、利益も上がり、CO_2削減も実現することになります。

2019年2月に上智大学で「ロジスティクス」のシンポジウムを開催しました。野村総合研究所の藤野直明氏が「フィジカルインターネット」を紹介され、ヤマトホールディングス代表取締役会長（当時）の木川眞氏は「バリューネットワーキング構想」に取り組んできたことを講演されました。考え方は同じであることから、2016年に専務理事として設立に参画したヤマトグループ総合研究所を中心にしてフィジカルインターネットを日本に広めていくことになり、2019年9月にジョージア工科大学フィジカルインターネットセンター長のブノア・モントルイユ教授を訪問しました。パリ国立高等鉱業学校のエリック・バロー教授には2020年1月のシンポジウムで来日講演をしていただきました。日米欧が共同して取り組むことが始まりました。

フィジカルインターネットを日本に導入するためには国を挙げて取り組む必要があり、ヤマト、日本通運、佐川急便、日本郵便、JR貨物などのキャリアー／フォワーダーやダイフク、大和ハウス、デンソー、サトーなど物流関係企業に呼びかけて研究会を立ち上げることにしました。民間主導で進めるべきではありますが、コンテナやパレット、トレーといった物流機器やコード体系の標準化が重要であることから経済産業省と国土交通省、農林水産省などの官庁の支援をお願いしました。

フィジカルインターネットを正しく理解するには、この本が最適であると考え、日本の皆さんに紹介することにしました。

野村総合研究所の水谷禎志さんには、著者であるモントルイユ教授、バロー教授、ラッセル・D・ミラー教授に翻訳の許可をとるなどの手続きをお願いしました。ありがとうございました。

本書は、フィジカルインターネットに関する学会発表の論文が基本となっていて、たいへん難しい内容と英文であり、翻訳にはかなり苦労しました。パリの出版社からは、原書に忠実に翻訳することを条件として提示されていました。書籍化に当たっては、日経BPの中で物流関係を担当している村上富美さんはじめ、多くの方にお世話になりました。たいへん感謝しています。

フィジカルインターネットに関する書物は、今のところ本書しかなく、関係する論文はネットで調べるといくつかは見つかります。これからフィジカルインターネットについて取り組む方々の最初の一歩として本翻訳書がお役に立つことを願っています。

2020年5月30日

荒木　勉

（上智大学名誉教授／
ヤマトグループ総合研究所専務理事）

＊翻訳に当たっては、登場人物の肩書を含め、内容は原書（2014年出版）に従っています。

はじめに ～フランス語版への序文

なぜ今、ロジスティクス（物流）を子細に検証するのか、業界変革を提唱する著者たちを突き動かすものは何なのか、疑問に思う人もいるかもしれない。ロジスティクスとは、多くの人の眼にはあまりにも単純なもの（ある場所から別の場所にモノを動かすこと）、あるいはあまりにも専門的なもの（輸送、保管、荷役、規制など）に映るようだ。端的に言えば、ロジスティクスは（軍事的なロジスティクスを除いて）、あまり戦略的な価値がなさそうに見える経済分野だ。さらに加えて言えば、比較的うまく機能しているように見える。ではなぜ、改めて細かく検証する必要があるのだろうか。

ロジスティクスは単純化されているように見える分野だが、実際は、どんどん複雑になりつつある。その背景には、企業からの物流に対する旺盛な需要がある。企業自身、顧客からの増え続ける要望に対応を迫られている。ジャストインタイムで動く製造現場、ネット通販の翌日配達（じきに即日配達になるだろう）の2つは、そのことを象徴的に表す例だ。

結局のところ、ロジスティクスの機能は変わっていない（それは今も、モノをある場所から別の場所へと移動させるものだ）としても、その手段は、IT（情報通信）技術の進歩、輸送コンテナ交通、世界的な物流サービス企業、特急配送などによって根底から生まれ変わっている。ロジスティクスが持つ機能は変わらなくても、現場の実際の業務は様変わりしたのだ。この新しいロジスティクスを実践することで、より広い地域からの商品が入手できるようになり、世界の工場での生産も容易になった。新しいロジスティクスは、私たちの社会を形づくっていくうえで、これまでも、そしてこれからも貢献し続ける。

本書の主題であるロジスティクスという活動は、ほぼすべての企業において、あらゆる場面で発生し、消費者の暮らしにも影響を与えるものだ。この本では特に、世界的なロジスティクスに取り組む企業に焦点を絞って、それをいかに社会のニーズに適合させるかを考察していく。

ここで、現状のロジスティクスの効率は理想的と言えるものではないことを明らかにしておきたい。とりわけ、ロジスティクスのネットワークを支える貨物輸送については、個々の企業内においては、最適化を図るために多大な努力を重ねてはいるものの、全体的には最適化されておらず、そのシステムも非効率なものとみなされている。

本書が展開する主要な論点は、この非効率性を克服することができるのは、最新の、よりオープンなロジスティクス組織のみ、ということだ。特に、物流サービスに対する要求水準が高まるにつれ、環境への負荷も増すという点に関心を払うべきだ（これは重要な対立軸のひとつだ）。この対立は、今後も大きな問題となるだろう。こうした点からも、いくつかの先見的な研究が示すように、ロジスティクスの将来について真摯に考えていくべきだ。

本書はロジスティクスの課題に挑もうとするロジスティクス組織のために、新しい概念を示そうとしている。それが、フィジカルインターネットだ。これは、カナダのケベックにあるラヴァル大学のブノア・モントルイユ教授が最初に提唱したもので、ラッセル・D・メラー、エリック・バローという2人の教授が発展させた。その中心的な考え方は、本書の第1部で詳述するが、次のようなものだ。すなわち、時代に合わせて独自の専門的なネットワークをつくり、相互に結びつけるよりも、あらゆるロジスティクス活動をオープンに共有化したほうがいいのではないか、ということだ。われわれは、デジタルのインターネットがIT（情報技術）ネットワークの中で達成したことを、物理的な世界で実現していくことを提案したい。片やデジタルデータ、片や物体という根本的な違いがあることは承知のうえだ。デジタルのインターネットの中心である情報ハイウェーは、ロジスティクスを再考するにあたり、ある程度参考になるのだ。

第2部ではフィジカルインターネットの主要な構成要素について概説する。例えば、モノを運ぶ際に使われるコンテナや、コンテナ配送の中心的な役割を担うPI[注1)]ハブ（拠点）、またシステム全体の動きを統括するプロトコル（規約、手順）などだ。本書の中でも専門性の高い部分となり、ここでフィジカルインターネットにおける実際のロジスティクス業務の中身を見極めていく。本書のこの部分は、インターネットの原則から得た最初のインスピレーションと、実際のロジスティクスに転用していくために必要なものとの相違点を提示している。言ってみれば、この部分では、フィジカルインターネットの実現を可能にする構成要素を明らかにしているわけだ。

そして第3部の目的は先に検討した構成要素をまとめ上げ、具体例として消費財の小売り流通に当てはめてみることだ。この目的のために、実験的なプラットフォームを開発し、いくつかのシナリオをシミュレートした。モデル化することで、フィジカルインターネットの実用化の初期段階で起こると考えられる問題を検証した。同時にその実験用プラットフォームでは、想定されるいくつかのフィジカルインターネットの構成要素を評価した。ここでは、複数の配送経路などの条件に

注1）本書では、フィジカルインターネットの構成要素となるものすべてにPI-という接頭語を付けていく。例えばPI-ハブのようになる。本書に収録した用語集も参照を。

合わせて、さまざまなコンテナのサイズの組み合わせなどを試した。本書の中でもこの部分は、現在の物流の構造に比べて、フィジカルインターネットが有意義な成果をもたらすことを示している。この結果はフィジカルインターネットの研究を後押しするものであり、研究はさらに深まり、産業界のパートナーとの取り組みへと歩を進めている。

第4部ではまさに、フランスだけでなく、ヨーロッパや北米などいくつかの地域で実施されたフィジカルインターネットのプロジェクトについて紹介する。実験にはすでに終了したものもあれば、進行中のものもある。さまざまな状況や、関係者の意向によって、各プロジェクトには追加的な視点がもたらされ、さらにそれに伴って、新しい議論や効果検証のための新たな要素が加わっている。総合的にいえば、旧来型の地域ごとの物流手法による対応は、国際化がますます進む中では、限界を迎えていることは明らかだ。物流の分野では、国際化を意識した作業が不可避になっている。

本書の第4部ではまた、今後必要となる作業の概要を明らかにしようとしている。読者の皆さんもお分かりのように、本書で述べるフィジカルインターネットは新しい概念で、まだ作業途上の状態だ。実際のところ、この作業の目的はフィジカルインターネットというテーマに関する議論を終わらせるのではなく、むしろ、経済、IT、エンジニアリング、政府、ビジネスなどの補完的な分野との共同研究を始めることにある。

何といっても、こうした意欲的なシステムを開発していくには、少数の関係者だけでは不可能だ。ロジスティクスは世界中の膨大なステークホルダーが絡むビジネスである。このアイデアが最低限の一貫性を保つために、学界、産業界、公的機関のステークホルダーからなる中核グループが主導していくことが重要だが、その目指すところは、すべての関係者に開かれている。

この目的のために、当初の中核メンバーであるカナダ、米国およびフランスで働く少数の研究者に加えて、欧州、米国およびアジアの製造業者、官庁および研究者と連携し、この概念を促進し、普遍的な方法で発展させようということになった。今後、その中心的役割を果たすのがフィジカルインターネット・イニシアティブという組織だ。ただし現在のところ、まだ非公式な組織である。

現在、イニシアティブは最初のツールとなるウェブサイトを開発中だ。現時点では、実施された主なプロジェクトの概要を示し、出版物や関係者の住所録へのリンクを提供しているが、近い将来、実施された試験の結果を分析したり、提案された仕様を投稿したり、メンバー間で議論することができる、もっと相互に影響を与え合うフォーラムにしたいと考えている。

フィジカルインターネットイニシアティブに関心があれば、次のWebサイトで最新情報を参照できる。

http://physicalinternetinitiative.org

これと並行して、Twitterでも情報を提供している。

@PhysicInternet

読者の方には、本書を読むことで、フィジカルインターネットという、生まれたばかりのコンセプトについて深く知ってほしい。また、是非とも、自分なりのアイデアを出してもらい、ロジスティクスの現状と将来について議論してほしい。本書が古くから続く必要不可欠な活動を見直すきっかけとなれば、今後、効率的で持続可能なロジスティクスシステムが構築され、環境にも優しい物流が可能となり、事業者と利用者双方の経済的・社会的発展につながっていくことになるだろう。

この本が刺激的で、実り多いものになることを願っている。

The Physical Internet
フィジカルインターネット

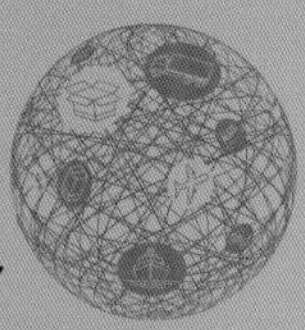

目次 Contents

第3部 | Part3

第1部
Part 1

持続可能な物流のための
新しいロジスティクスネットワーク

本書の第1部ではまず、新しいタイプのロジスティクスのシステムを考える動機について説明していく。すでに現在、非常に高い水準のサービスを実現し、細部まできめ細かく定められたロジスティクス業務を、かなり根本的に変えていこうと提唱することに、疑問を持つ人もいるかもしれない。もちろん、一定の成果を挙げていることは事実であろう。しかしながら、その陰では問題が増加しており、新しいアプローチが必要になっていると考えられる。まず、このことから話を始めたい。

私たちは、1つのアイデアに基づいて、ロジスティクスの構造を再考することを提案したい。そのアイデアとは、すでに確立したロジスティクスサービスネットワークの相互接続だ。相互接続は、すでにロジスティクス産業以外の別のネットワークで起きている。よく知られた例としては、電力のネットワークや公共交通機関などがある。しかし、相互接続されたネットワークが最も目覚ましい結果をもたらした例を挙げるなら、通信、インターネットの発展（相互接続されたデータネットワーク）だ。

フィジカルインターネット・イニシアティブが目指すのは、デジタルのインターネットと同じような変化を巻き起こす手段を、物流の分野で特定していくことである。言い方をかえると、輸送、保管、貨物取扱（フォワーディング）業務などに関わるすべてだ。私たちがここで述べ、検討し、発展させようとしているこのプロジェクトは、非常に壮大なものである。

まず、2つのレベルの研究で浮かび上がった具体的な事例に焦点を定めていく。第1のローカルレベルでは、フィジカルインターネットが、荷物の送り方をどのように変えるのかを見ていく。コンテナを利用する発送、コンテナの仕分けを担うロジスティクスハブ（拠点）、およびロジスティクスシステムを調整するために必要なプロトコル（規約、手順）などだ。第2のレベルでは、特に相互接続されたハブのネットワークをもとに、包括的なネットワークの性能について取り上げていく。

I なぜロジスティクスの形を変えるのか?

抜きんでたパフォーマンス!

先進国では、現在のロジスティクスシステムは、人類の歴史上かつてないレベルのサービスを提供している。もし必要ならば、納得できるようないくつかの実例を挙げて説明しよう。世界の主要な経済の中心地の間では、48時間以内、場合によっては24時間以内に小包が配達される。自動車工場の生産ラインに2時間という枠の中で必要とされる部品を正確な順序で届けたり、アジアから1着当たり数セントで衣類を発送したり、世界中に数部しかない書類を注文して、直接自宅まで配達してもらったりすることも可能である。最近までは存在しなかった、こうしたサービスの例はまだまだあるが、現代社会はこれらの高いレベルのサービスを消費し、それらに依存しながら、さらなる経済活動と持続的な成長を目指そうとしている。

過去50年にわたるロジスティクスの驚異的な進化は、多くの要因が組み合わさった結果だ。特に、輸送分野における技術革新、主要な通商協定、潤沢な天然資源、とりわけエネルギーなどが要因として挙げられる。また世界規模の貨物輸送の支えとなった輸送コンテナの導入を忘れてはならない。実際、生産活動を世界中に分散させることが可能になり、ロジスティクスは効力を発揮するようになった。それにより、製品によっては、世界で流通する前に、安価な労働力や低いエネルギー価格が生む利益を求めて、大陸から別の大陸へと拠点を移している。私たちは、この進化に判断を下す立場にない。しかしながら、私たちは、生産システムがロジスティクスに深く依存していること、さらに、この発展をもたらした条件が変化した場合に生じる脆弱性を忘れてはならない。例えば、燃料価格の大幅な上昇や排出ガスへの課税は、輸送コストの上昇、あるいは海運や航空路の利用停止にもつながるため、現行の生産・物流構造の見直しが必要となる可能性がある。これはサプライチェーンの1つの大きな脆弱性を示しているが、これから見ていくように、問題はそれだけではない。

逆説的ではあるが、現在のロジスティクスの状況を考えると、急速な輸送技術の進歩と豊富なエネルギー資源に依存するロジスティクスの急激な発展は、究極的には持続不可能である、という仮説を我々は打ち出している。

事実、資源消費のペースや温室効果ガスの排出度合いは、持続可能な開発目標とは矛盾している。何より、ロジスティクス業務の急速な拡大は、非効率な状況を生み出している。ひとたび、ロジスティクスの深刻な不安定さが具体的に示されれば、パラダイムシフトの必要性が明確になるだろう。

将来を考えるとビジネスモデルの変更は不可避

ロジスティクスが戦略に与える影響が甚大であるため、ロジスティクスの将来像は研究者や研究機関、および製造業界のテーマになってきた。ロジスティクス需要がこのまま一貫して伸びていけば、資源の消費や交通渋滞、汚染、CO_2の排出増加につながり、持続が困難になるだろうという点で、研究者の意見は一致している。

図1は、フランスにおける商品の輸送量の伸び（トンキロで測定される）とそれに伴うCO_2排出量を示したものだ。欧州連合（EU）は2050年に排出量を60%削減するという目標を掲げているが、現状は、誤った

図1 ● フランスにおける道路輸送量の増加、誘発されたCO_2排出量と2050年の排出量目標の比較

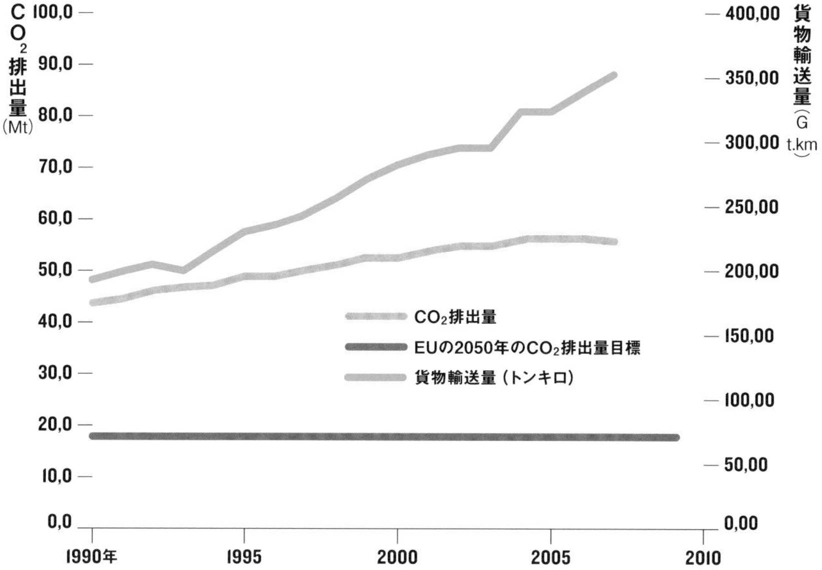

軌道を進んでいることが分かる。特に、技術革新、積載効率の向上、エコドライブなどにより、CO_2の排出量削減に向けた努力をしているにもかかわらず、結果として貨物輸送からの排出量が純増を続ける形になっていることに留意する必要がある。交通量の増加や定常化のためにCO_2排出量を削減するには、輸送手段そのものの改善だけでなく、パラダイムシフトが必要であることは明らかである。

何より、読者に伝えたいのは、フランスのデータによって裏付けられたこの結果は、ロジスティクスに関する世界的な問題のごく一部を示しているに過ぎないということだ。実際、新興国におけるモノの流れの増加と、それが引き起こす資源消費と排出量の増加は劇的なものだ。要するに、これは世界的規模の対応を必要とするグローバルな課題なのだ。

最後に、このグラフは注目に値するが、１つの輸送手段に絞り込んだ枠のみでとらえているため、その激しさを示しているにすぎず、20トンキロの中身について、20トンの荷物を積んだトラックの走行によるものか、または1トンを積載した20台のバンが走ったのか、細かい形態は不明だ。排出量や交通渋滞などの結果は、この2つの形態によって大きく異なるだろう。

現在のロジスティクスシステムの限界と変化の必要性

■現在のロジスティクスシステム

ロジスティクスは、非常に単純な作業に見える。商品をある場所から別の場所に移動し、集約し、分別し、保管または積み込む。しかしこの一見単純な作業は、実際のところ、非常に誤解されやすい。ロジスティクスは、作業の数やモノの動きを伴うという特性があり、さらに予測不能な事態にも見舞われる非常に複雑な作業だ。したがって、ロジスティクスは、可能な限り作業を単純化し、できるだけ合理的に組み立てることで、手頃で効果的なサービスを提供できるようになっている。陸上輸送のロジスティクスの構造には、2つの大きな特徴がある。1つは、ロジスティクスネットワークの構築で、自前、またはロジスティクスサービスプロバイダーへのアウトソーシングによって作り上げる。これらのネットワークは、ロジスティクスプラットフォームで構成されるが、ロジスティクスサービスによって一方はサプライヤー（供給者）とつながり、もう一方は消費のポイントとつながる。物流ネットワークは、消費財の流通など、1種類のタイプの活動に割り当てられるか、または、自動車製造会社といった特定の顧客専用のものとなる。第2の特徴は、輸送手段としてトラックが使われる点だ。使いやすく、手頃な価格と運送能力を備え、陸続きのあらゆる目的地まで直

図2 ● コンテナ輸送量の変化（1991年を100とした指標）

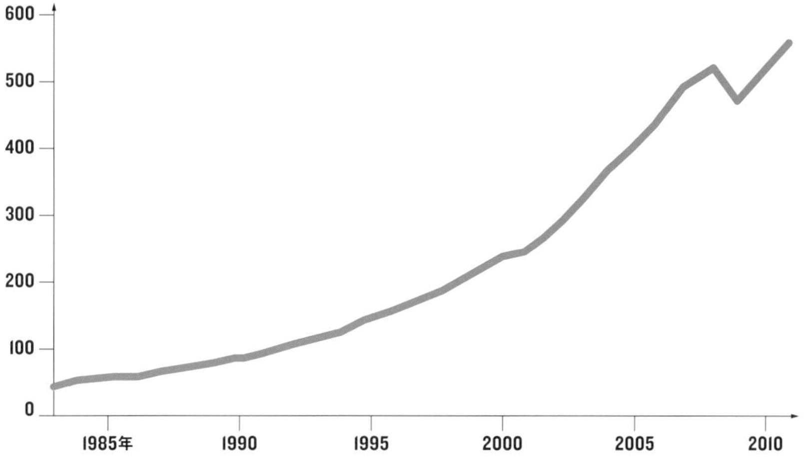

接荷物を運ぶことができる。

■変化の必要性

同時に、ニーズは変化しており、特にジャストインタイム、貨物の国際化、そして最近では電子商取引が次々と発展している。

ジャストインタイムとは、ロジスティクスが製品の多様化に対応し、顧客の需要に合わせて必要な量を短期間に、待たせることなく届けることを指す。この荷動きの管理手法は、しばしば輸送に対するプレッシャーとして批判されるが、その第1の目的は、製品在庫や予備の在庫の削減、さらに市場に届く前に陳腐化したり、期限切れになったりするなど、無駄の排除にある。

貨物の国際化は、以前からあったが、長い間、量の面で限界があった。世界貿易機関（WTO）の自由貿易協定（FTA）と貿易構造化によって、国際貿易の流れは、価値と量の両面で大幅に増加し、20年前や30

年前には存在しなかった経済圏同士の相互依存の関係を徐々に生み出している。その結果、グローバルなロジスティクスの問題を解決する方策がますます必要になっている。グローバルロジスティクスの第1の柱は、国際標準輸送コンテナである。**図2**は1980年以降の海上輸送の増加を示している。特に、1990年から2008年までの20年弱の間に、世界中でコンテナ輸送が5倍に増えていることに注目したい。

国や地域を超える貨物が大量になる一方で、電子商取引の発展はロジスティクスの性質を変えつつある。ロジスティクスはもはや、大量の荷物を、特定の消費地に（まとめて）配送することではなくなっている。多数の販売業者から、時には非常に小さな荷物を、個々の客に向けて、しかも彼らの家や職場、さらにどこか客の近くまで、頻繁に配送するようになった。

産業革命以来、ロジスティクスは、大量生産、大量輸送の原則のもと、可能な限り長い距離をサプライチェーンの流れに沿って運ぶように強いられてきた。その典型的な輸送手段は、鉄道だった。

しかし今、私たちが目にするのは、ロジスティクスが急速に個人向けとなり、限界まで細分化され、ロジスティクスが担う範囲がむしろ急速に広がっているという状況だ。

■現在の組織の限界と解決策

上で触れた傾向は、当然ながら、新しい流れに対応する解決策を模索するロジスティクス事業者の構造や、選択に変化をもたらしている。しかしながら、現在の構造には限界があり、結局のところ、輸送およびロジスティクス業務は非効率なものになっている。ここでは、そのすべてを列挙することはせず、非効率をもたらす主要な要因に絞って議論を進めたい。

まず最初に、製造業者であれ小売業者であれ、大抵の場合、1つの企業が独自の物流網を抱えている。会社の規模にかかわらず、すべての

図3 ● 1つの製造業者(工場=黒枠の四角形、中央倉庫=黒枠の三角形)が2つの流通ネットワーク(黒と青の○で表す)へと流れていく標準的なパラダイム。中央集中型ハブアンドスポーク型

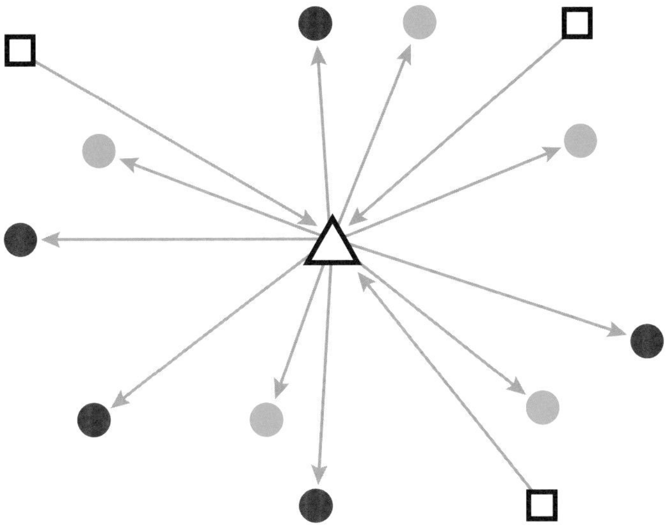

顧客に直接商品を届けることは一般的に不可能だ。その結果、生まれたパラダイムは、工場と顧客の間に倉庫やその類の場所を構えて、会社の在庫を集約するという方法だ。このパラダイムは**図3**に示すように、まず工場(黒枠の正方形)から中央倉庫(黒枠の三角形)に荷物を送り、そこから2つの顧客(黒と青の○)の施設に向けて出荷する。このパラダイムでは、出荷する品は、工場から中央倉庫へと集められる。

このパラダイムの場合、在庫は一定規模に制限され、荷物は倉庫を経由する。その結果、各事業者のサービス内容も制限され、地域内で最適化された輸送方法を使うほかはない。またこの場合、高いサービスレベルを保証するために、倉庫の規模を年間の活動のピークに合わせる必要がある。しかしそれは、ピーク以外の期間は、倉庫は十分に活用されないことを意味する。こうした経営資源の使い方は、当然非

図4 ● 同じ顧客にサービスを提供する2つの生産者のために2つのロジスティクスネットワークを重ね合わせた例

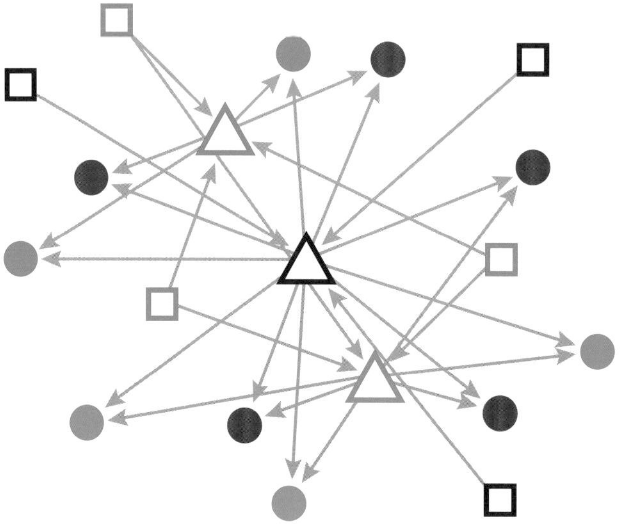

効率につながる。

先ほどのネットワークを、同じ顧客にサービスを提供している別の会社（青の三角）のロジスティクスネットワークと重ね合わせてみよう（**図4**）。すると、個々のロジスティクスサービスの展開と、必要な地域的最適化が見えてくる。

企業が自らのロジスティクスネットワークの効率化を追求する結果、荷物は工場やサプライヤーから保管拠点に集約されて仕分けされる形となり、荷物はグループごとに分別され、再び発送される。

この方法は、輸送時の積載率の向上や在庫の削減という点では有利に働くが、必然的に中継地点を通る輸送が増え、必ずしも荷物は最終運送先までの最短ルートで運ばれるわけではない。さらに、中継地点を通るこの輸送の場合、いわゆる川下からの出荷指示が来るまで、荷

図5 ● トラックの荷台などの輸送スペースを満たすことが難しくなっている

物を寝かせる日数が、場合によっては数週間に及ぶことがあることに注意が必要だ。このようなパラダイムは、次のような逆説につながる。つまり、配送のリードタイムは、腐敗しやすい製品を除いて、国内では、数日あるいは数時間単位で指定されるにもかかわらず、ほとんどの製品は、数週間、数カ月あるいはそれ以上に及ぶ在庫レベルを持っている。割り当てられた輸送手段を使うと同時に、各事業者が在庫不足を起こさないようにした結果、逆説的ともいえる状況が発生する。

需要が細分化し、個々のサプライヤーおよび単品ごとなど、かなり細かい出荷に対応するようなネットワークの複雑化が進み、さらに配送スピードへの要求も高まった結果、積載率の低下が起きている。例えば、ヨーロッパの統計によれば、3.5トン未満のトラックの積載状況は、平均して最大積載量の50 ～60%だ[注2)]。**図5**で描かれた状況は平均

注2）また、数量的にどのように調査されているのかが不明で、鉄道用、小型運送車輌ともにデータがない。

図6●オンライン販売小包の箱に対して荷物は30%程度の大きさしかない

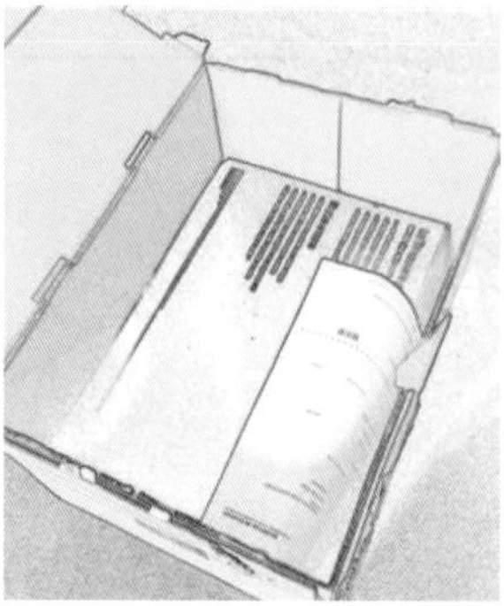

図7●英国の食品業界で使われている約1000台のトラックの24時間の使用状況

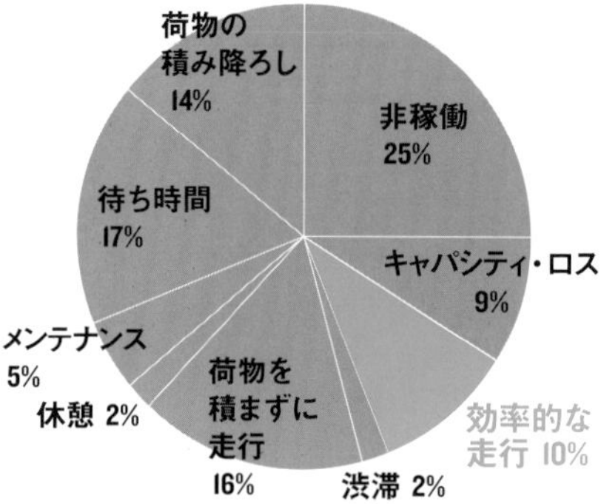

的な実態であり、珍しい光景ではない。

（トラックなどの）輸送手段が十分な重さや大きさの荷物が積まれているといっても、最適な状態で使われているとは言いきれない。実際には、あらゆる包装の荷物を積み重ねることで、容積や重量の点で、膨大なムダが発生している。さらに、多くの配送ネットワークでは、キャパシティが満杯になることがますます頻繁になっているにもかかわらず、体積ではなく重量ばかりが重視されている。重量を基準とした価格設定の場合、**図6**に示しているような例も起きる。小包の中の3分の２は空だ。とはいえ、出荷量に関する信頼できる統計がないため、実際の状況を説明するには限界がある。

輸送手段を有効に使っていない、こうした状況は、道路輸送にとって好ましいものではない。**図7**はトラックの生産性の損失を合計したものである。データは（McKinnonなど、2003）、方法論は（Ballotなど、2010）。

このような無駄の多いトラックの使い方をする輸送業者を非難したい思いに駆られるかもしれない。しかしやめておくべきだろう。荷主や運送業者は、非効率的な輸送に問題意識を持っているが、彼らはそこから得るものが多い。しかし、現在の枠組みの中では、特に組織や規制の観点から、構造的な制約が働いている。加えて言えば、鉄道輸送について調べた公的な統計の数字はないが、結果はかなり良いと考えられる。

この非効率な状況は、都市部の運送では深刻だ。人口密度だけでなく消費も旺盛で同時に土地に対する需要も高いからだ。その結果、ロジスティクスの配送拠点は、従来よりも都市の中心部から郊外部へと移動している。結果的に、中心部と郊外との行き来が増え、しかも積んでいる荷物はあまり多くない。

また、統計上は把握されていない小型の車輛（3.5トン未満の有料荷重）を用いて行われる貨物輸送についても、エネルギーや経済的な観点からは効率性が低いが、これらの軽車輛は規制の影響や、荷物のきめ細かい配送のために「ラストワンマイル」の物流に定着しつつある。このようにして、都市中心部の混雑、それによるロジスティクスの効率性の低下、さらにその結果、これらの都市への供給のための輸送がより頻繁になるという悪循環が生まれている。

■従来の効率的な解決策は大規模展開が難しい

長らく、陸上輸送に起因する排気ガスや交通渋滞の問題に対する解決策のひとつとして知られてきたのは鉄道貨物輸送であり、その輸送量の大きさから恩恵をもたらしてきた。今日でもなお、フランスをはじめとする多くの国、あるいは大陸規模でも、この輸送方式は少数派ながら一定の物流を担っている。だが鉄道が得意とする石油化学製品、穀物、建設資材など重量製品の輸送を除くと、鉄道は現在、フランスの貨物の約10％程度を運んでいるにすぎない。

しかし、CO_2排出の点から見ると、フランスでは鉄道輸送はトラックの約20倍の効果を発揮している。その鉄道の利用が低いレベルにとどまっているのには、もちろん多くの理由がある。中でも注目したいのは、本書のテーマにも関連するが、鉄道に荷物を積み込むという非常に手間のかかる作業が障害になっていると見られることだ。配送スピードや指定日時に合わせた配送がますます求められる中で、こうした手間は敬遠される。

鉄道輸送に一定の期待をかけ、輸送量と定期的な需要を満たすための方策も研究されている。1つの策として考えられているのは混載である。これはいくつかの会社のロジスティクスサービスを統合して、スケールメリットを生かそうという狙いだ。しかし、この方式を実行するには利害が絡む事業者同士のコミットメントと十分な調整が必要であり、そのため、いくつかの象徴的な例を除いて、あまり普及していない。

しかし混載輸送には先例がある。それは先に成功例として挙げたコンテナによる海上輸送だ。ただし、海上輸送の場合、調整をして混載を実施したわけではなく、むしろ調整作業を全く行わずに、すべての荷主がリソースを共有するシステムであることに注意してほしい。

どうしてそれができるのか？　我々の考えでは、コンテナと発送手順の標準化によるところが大きい。標準化によって、荷役や海上輸送の価格が大幅に下がったことで、この輸送方法が人気を集めるようになった。**図8**は、50年以上の期間における、米国のシカゴからフランスのナンシーまでの薬剤コンテナの輸送費用の変化を示している。なお、関税は含まれていない。

『コンテナ物語』（マルク・レビンソン著、原題は『The Box』2006）によって提供された統計によると、1960年のドアツードアの輸送コストは2,386米ドルで、これはかなり法外なコストであり、製品価格の25%に相当する（関税を除く）可能性がある。輸送費さらには港を通過する輸送費（保管、包装、さまざまな取り扱い作業、仲介業者、ドッキングステーションなど）が、国際貿易の現実のブレーキとなった。1960

図8 ● シカゴからナンシーまでの1つのコンテナの出荷同等品の原価の変化の比較
『コンテナ物語』(マルク・レビンソン著)の元データ
(レビンソン、2006)、複数のソースからの現在のデータ

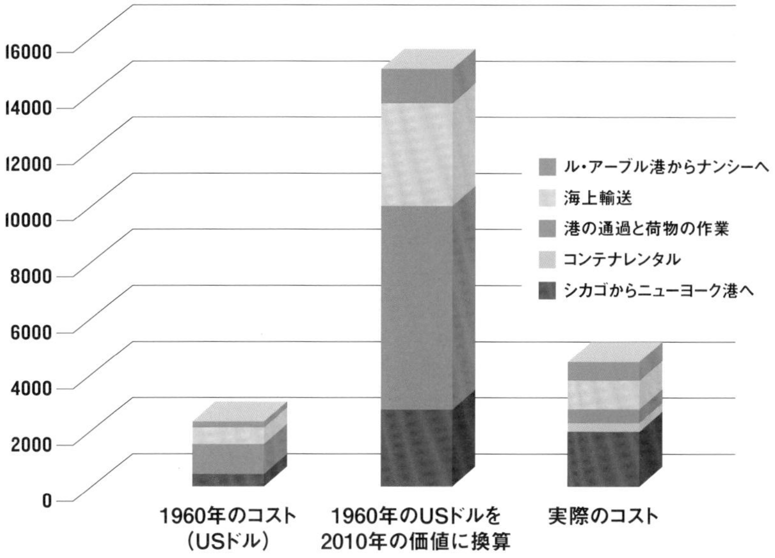

年のドアツードアの費用は、2010年の価値で表すと14,912米ドルになる。しかし、実際には、コンテナ化の導入のおかげで、同じサービスのコストは2010年にはこの金額の30%で済むようになった。細かく検証すると、陸上輸送に関するコストはほとんど変化しなかったが、海上輸送のコストはほぼ4分の1になり、港を通過する輸送コストは10分の1以下に減少した。これは、標準化がどのようにして規模の拡大につながり、標準化と規模の拡大が効率性の向上につながっていったかを示す好例である。効率性が全く発揮されていないトラック輸送の場合にも同じことが言える。

コンテナが海上輸送にもたらした効率性は、陸上輸送には全く取り入れられていない。海上輸送コンテナは、特にそのサイズのため、陸

上輸送にはあまり適していない。パレットは十分に充填されず、大型貨物車の荷台のスペース活用は非常にお粗末だ。そのため、海運の大成功にもかかわらず、コンテナによる輸送は主に海上部門に限定されており、鉄道に、ほとんど強制的な協力関係で導入されている程度だ。

そこで問われるのは、輸送手段や、ロジスティクスユニットの両面で多様性に富んだロジスティクスネットワークの中で、いかにして規模を（さらに効率性を）追求していくか、ということだ。情報システムやマネジメントシステムを考える以前に、規模や機械化などの障害が立ちはだかっている。

2 フィジカルインターネット

　このような現在のロジスティクスシステムの限界を踏まえ、新たなロジスティクスの形を提案する。新しい形というのは、物流サービスが普遍的に相互に接続された状態だ。言い換えれば、ロジスティクスの“インターネットワーク”を創り上げ、それをフィジカルインターネットと呼ぶ。現在の物流形態には限界があり、運送事業者の活動が制限され、より良い解決策に到達することができない。フィジカルインターネットは限界を超えるものだ。

フィジカルインターネットの定義

「フィジカルインターネット」という名称を提案したのはブノア・モントルイユだ。彼は英国の雑誌エコノミストの2006年6月17日号の表紙のタイトルにあったThe Physical Internet（記事は標準的なロジスティクス業務のことを書いていた）に着想を得た。

　この言葉は、今日の相互につながったITネットワークに似た物理的なネットワークという概念を自然に思い起こさせる。思えば、どちらのネットワークも、元々は多様で互換性のない技術のせいで、相互につながっていなかった。したがってネットワーク事業者同士が通信できるようにするために、違う技術を使う会社とは、特定のインターフェースを構築する必要があった。時間の経過とともに、これらの特殊なインターフェースは成長を阻害するものとみなされ、相互接続を標準化しようとする機運が高まった。

この相互接続が実現したのは、アドレッシングシステムという方法と互いを仲介するプロトコル（通信規定）であるTCP/IP[注3]によるもので、インターネット（私たちのフィジカルインターネットの概念との混乱を避けるために、「デジタルインターネット」と呼ぶ）は、これらのネットワークのすべてが接続し合うことを可能にした。技術的な観点に立つと、この進歩は、データと使用される各ネットワークに固有のプロトコルとの間に新しいプロトコルを組み込むことで成り立った。したがって、各ネットワークは、インターネットプロトコルとメッセージの内容を1つのデータとしてインターネットルーターに転送する。ネットワーク間の接続では、インターネットルーターはTCP/IPとデータを回復し、独自のプロトコルに従ってネットワークに送る。これはカプセル化のプロセスである。他のプロトコルが何であるかに関係なく、あるプロトコル（この場合、TCP/IP）を別のプロトコルに組み込む。この標準化の進展は、コンピューターネットワークの発展だけでなく、今日私たちが知るように、電話システム、テレビ放送などを含む経済の全部門の合理化を可能にした。

さらにメールアプリケーション、ピアツーピア（P2P）通信、ウェブサイト、ソーシャルネットワークなども登場し、デジタルインターネットは、経済や社会と同じくらい広範なネットワーク利用の変化をもたらした。

デジタルインターネット自体は、特に利用可能なアドレスの量をかなり増加させたIPのバージョン6（IPv6）で、進化し続けている。これにより、インターネットアドレスをすべてのオブジェクトに関連付けることができ、したがって、他のオブジェクトを含む任意の端末からそれらのオブジェクトと通信することができる。これがIoT（Internet of Things　モノのインターネット）である。これは、ネットワークを介してリンクすることにより、処理能力、センシング能力、通信を介してモノを“賢くすること”を目的とする。IoTは、物理的にモノの移

注3）TCP/IP＝伝送制御プロトコル／インターネット・プロトコル

動に革命をもたらすわけではないが、フィジカルインターネットを可能にする技術を提供する。

したがって、フィジカルインターネットの中心的な概念は、ネットワークの相互接続であり、それはネットワークのネットワークにつながる。しかし、この相互接続の手段を定義する必要がある。

フィジカルインターネットは、相互に結びついた物流ネットワークを基盤とするグローバルなロジスティクスシステムである。その目指すところは効率性と持続可能性の向上であり、プロトコルの共有、モジュラー式コンテナ、スマートインターフェースの標準化を図る。

（モントルイユ、メラー、バローが2011年に定義）

この定義について、またさらに、どうすればフィジカルインターネットが実現するかについて、深入りする前に、デジタルインターネットとフィジカルインターネットとを比較するのは、重要ではあるが、絶対的なものではないと言っておきたい。すなわち、情報転送の手順をモノの移動にそのまま転用することはできない。物理学的にも、情報と物体は、あまりに違う。しかし私たちは相互接続という基本原則を貫きつつ、広い意味でのロジスティクス業務の可能性を探求するよう努力する。

このフィジカルインターネットの定義では、ロジスティクスネットワークの相互接続を可能にする主要な原則、すなわち新しい商品の形となる「コンテナ化」を明示している。海上輸送コンテナに倣った、この標準化されたコンテナ原則は、スペースの有効活用という目的に合わせて、モジュラー化し、小さいサイズの商品にも適用される。最も大きなコンテナのサイズは、道路、橋、トンネルなどのインフラの大きさによって決まってくる。一方、最小コンテナは実際の用途に即したサイズになるだろう。

スペースの有効活用のため、コンテナ化を進めるにあたっては、顧客の個々の商品を確実に積み込むことが必要で、それにより、従来の1社専有のネットワークから、オープンネットワークへの移行ができると考えている。同時にコンテナについて、相互接続したロジスティクスに対応するように標準化とデザインを進め、コンテナの荷役、連結、積み重ね、識別などの態勢を整えていくことも重要だ。この輸送コンテナのように、サイズやインターフェースの標準化を進めることは、業界全体で調整を図り、スケールメリットを生かした解決策を見出すことにつながるため、反対より、賛同する声が多い。さらに言えば、輸送コンテナの歴史に学べば、デジタルインターネットも同様だが使い道は海上輸送にとどまらない。工場や学生たちの空間、また地元の商店として使われることもある。したがって、このアイデアは、積み荷や保管時の荷物の積み方を含め、運送や取り扱いのためのツールを提案するものだ。他にも別の使い道がかなりの確率で現れるだろう。

コンテナに入れた貨物をオープンネットワークで輸送することになれば、独自のネットワークでは可能だった数量、貨物の状態、温度などを簡単に検査することはできなくなる。したがって、フィジカルインターネットを本格展開するには、コンテナごとに標準化された個別の追跡ツールと経路管理ツールが必要になる。それによって発送者は自分のネットワークで荷物を送るのと同じように、配送途中の貨物を追跡できる。問題が発生した場合には、このトレーサビリティにより、関係する各当事者の責任を容易に特定することができる。

最後に、達成すべき目標に関して曖昧さが残らないように、コンテナに適用される各プロセスを検討するルール（ここではプロトコルと呼ぶ）を定める必要がある。これらの規則は、例えば、ある事業者から別の事業者へコンテナを輸送するための仕様、責任の移転の明確化、配送の優先順位の管理などを規定する。それは個々の運送業者がそれぞれの技術に応じて独自に特定できるか、という問題でもある。例えば、一組の小さなコンテナについて、状況に応じて、複合仕分け施設、または人手で仕分けられるか、組み立てられるかを決めていく。

このようなシステムが導入されれば、サービスプロバイダーとそのビジネスモデルの役割が大きく変わることは、入念な予測をするまでもなく容易に想像できる。この点については後述する。

現在のロジスティクスの共通点・相違点

前述した定義は、ロジスティクス業務におけるさまざまな構成要素を示唆するだけでなく、現在のロジスティクス形態からの突破口を開く。これらの突破口について説明する。

以下の**表1**は、2種類のロジスティクス活動の構成における最も顕著な違いを示している。

■出荷

出荷に関して、現代のネットワークはコンテナのタイプとモデルの

表1 ● 現在のロジスティクスとフィジカルインターネットとで異なるキーポイント

機能	現在のロジスティクス	フィジカルインターネット
発送	物品	コンテナ
ネットワーク	特定のサービス専用	オープンで、共有されたネットワーク
輸送	ロジスティクスサービス	ダイナミックなルーティング、経路管理
情報システム	ネットワークの所有者が管理	IoT クラウド上のサービスのプラットフォーム
基準	基準の普及	インターフェース、識別、プロトコルの合意に向けた市場の動き
保管	時間集約的(中央集中型)	配置論理
容量管理	独自	市場ベース

多様性に適応しなければならない。ボックスや最適化されたパレットの構成のようなコンテナは、単一のタイプのボックスまたはコンテナが使用される場合にのみ、積載を最適化することができる。専用のネットワークを築くことは、物流の上流では発送が比較的均一であるためにロスを抑え、積み荷を局所的に最適化させる。下流では、積み荷が多様化するにつれて最適化は失われる。サイズがモジュール化されていないとスペースが失われるだけでなく、製品の損傷のリスク（詰め込み過ぎ、積み荷が不安定な状態など）が著しく増大する。

強度が確認されたモジュールサイズのコンテナ一式を使うことにより、サイズおよび強度を完全に把握したうえで、それらを積み上げることが可能となり、空間のロスや詰め込み過ぎなどを抑えることが可能となる。しかしながら、この場合、選択できるサイズは限られてしまう。現在の包装と比較すると、どれだけのサイズのコンテナを用意するかで、スペースにロスが発生することは指摘しておかねばならない。

■ネットワーク

現在のロジスティクスサービスをネットワークの集合と考えてみよう。私たちは、これらが多様であり、いかなるレベルにも相互接続されていないこと、また、それらを管理するために使用される情報も、いくつかの業界に特有の例外を除いて、標準化されていないことに気がつくだろう。このように、企業は、たとえ最終的に業務をアウトソーシングするとしても、自社のネットワークを整える。このネットワークは、一方で自社の工場、倉庫間をつなぐ輸送経路や倉庫群から構成され、もう一方では、同様に倉庫と顧客につながっている。この構造を変えるのはアウトソーシングしないかぎり難しく、その場合、戦略的契約が結ばれても、非常に限定的になる可能性がある。ひとたびネットワークが定められると、市場への製品の配送と同様に、保管場所

図9 ● フランス国内の2つの食品サプライチェーンの例（星はパリ）

が決定される。これらが変更された場合、ネットワークを調整する必要がある。輸送量に季節変動がある場合、輸送ネットワークの容量を超過したり、余剰が生まれたりするが、調整ができなければ、現状の輸送ネットワークを使うほかない。

それゆえ、各社とも**図9**のようなネットワークを構築している。

現代のロジスティクスの複雑さは、どの国でも数千ものネットワークが独立して運営されているという事実に起因しており、次ページの**図10**にその一部を示すように、ネットワークを重ね合わせることで表すことができる。

私たちの考えでは、図10は、ごく一部の企業のみの実態だが、ロジスティクスサービスネットワークの混乱と、特に混載によってそれらを調整したり、まとめたりすることの大きな困難さを明確に示している。

ここで、商品が標準化されたモジュール式コンテナに入れられた場合に何が起こるかを考えてみよう。フィジカルインターネットは、可能な限り最も効率的な方法で、コンテナの移動、経路決定、保管、フロー（荷物の流れ、動き）の管理などの役割を担う。需要や、輸送、荷

図10 ● フランス国内の数社のフードサプライチェーンの重ね合わせ例

役、保管または顧客の技術に合わせ、コンテナを運び、連結させたり分離させたりする。この枠組みの中で、コンテナはネットワーク内のすべてのポイントに送られる。さらに、ネットワーク同士を連携することで、スケールの利点を活用するように適応し、その結果、たとえば、**図11**に示されるように、よりきめ細かい形を築きつつ、以前と同じ地点へと配送できる。

詳細には立ち入らなくても、すぐに思いつくのは、荷物を積み込む回数が減少しており、それがダイレクトに1回あたりの積荷の量の増加につながっているのではないか、ということだ。これは究極的に輸送効率の向上につながる。一方で私たちは、ネットワーク上では、どれほどの回数の積み替え（またはクロスドックのハブを経由したパッセージ）が必要で、それが積荷ごとに、どれほどのマイル、またはキロメートルの輸送を減らすことにつながるのか、正しく問いただすべきかもしれない。この点については後述する。

この一例から明確に類推するのは難しいものの、他の改善も実現している。

図11 ● 図10と同じ点を処理する調和されたネットワークの例

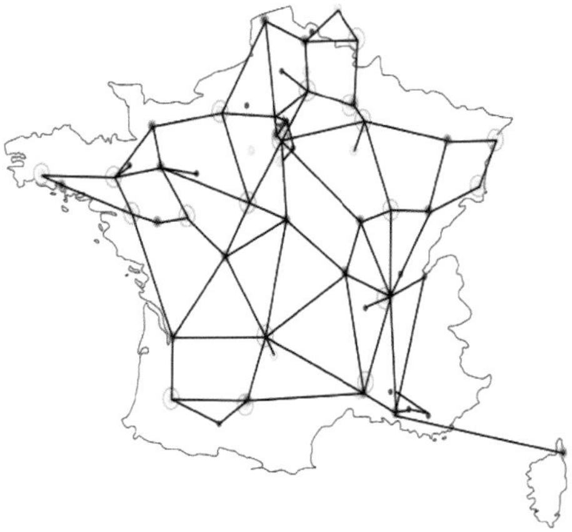

▶中央倉庫でのシステマチックな転送により、輸送需要が減少した。一方で国産製品が消費者に届くまでに20%以上の迂回が増えた。
▶自社の倉庫だけでなく、すべてのオープンなロジスティクスセンター（ハブ、物流センター、倉庫など）でコンテナの保管が可能になる。
▶新規に臨時のネットワークをつくるのではなく、既存ネットワーク内で新しい経路を定めることで、市場変化への適応がより速くなる。
▶当然、今回コンテナ化された商品は、他社製品と共同で輸送される。

最後に、このネットワークは、ある地域内のロジスティクス全体を1社が管理するものではない。複数の事業者がネットワーク内のハブやそれに連なる拠点を利用することを前提に、各拠点が1社または複数の企業によって運営されるものとして、簡略化してとらえる必要がある。

■輸送

現在の発送後の輸送については、依頼を受けたネットワークまたはオペレーターがすべて決めていく。一度決まると、他の選択肢はほぼない。こうした構造においては、各サービスプロバイダーも、また依頼する客も同じ作業を繰り返すので、運送業者を探したり、リードタイムを保証したりすることも、容易になる。ただしネットワークに問題が生じた場合、例えば、ストライキや悪天候などが起きたときなどは、代替手段を手当てすることが難しく、成果が出せないこともある。対照的に、より分散型、より共有型の構造になるほど、選択肢が増え、より堅牢で耐性のある輸送体制ができる。これは、デジタルインターネットの財産の1つである。ダイナミックルーティング（経路決定）ツールを装備したネットワークを持つネットワークが、さらに定期的にルートをアップデートしている場合は、従来型のネットワークにあるような構成要素にくらべて、特に経路選びや接続などに関する要素は、信頼性のレベルという点でより確かだと言える。

フィジカルインターネットの場合、各コンテナの経路は個別に設定されており、デジタルインターネットと比べても機能面が付加されている。この機能は、最小コストや決められた時間内の配送など、異なる要件の多様な配送が行き交うネットワークで、明快に求められる。求められるサービスを提供するために、ダイナミック配送経路の設定に柔軟に対応する、コンテナ仕分けルールや手続きも必要となる。

■情報システム

ロジスティクス情報システムは、そのシステムが制御する物理的なネットワークに基づいて構築されてきた。実際の物流ルートと同様に、情報システムも、特化して独自に発展してきた。加えて、情報の交換とゲートウェイの構築に使われたツールもある。それにもかかわらず、構造に関しては、それぞれのネットワークを中央に集約する形のままにしている。

対照的に、フィジカルインターネットの原則は、一連のネットワークの相互接続にある。したがって分散する形になる。つまり、こういうことだ。コンテナそれ自体や荷役機器、輸送手段、保管スロットなどのネットワーク機器からローカルに取得された情報はステークホルダー（荷主、運送業者、キャリアなど物流の利用者、関係者）が安全な状況で使用できるように、デジタルインターネット上で使用可能になる。これはまさにIoTの目的の一部である。加えて、この枠組みの中で開発された技術は、機器同士の連携を可能にする。したがって、それは実装される新しい主要なインフラであり、活用されなければならない。これらのうち、私たちは、ロジスティクスの対象物（コンテナ、輸送手段、荷役機器等およびそれらの相互作用）に焦点を当てる。

ロジスティクス実績情報の収集と公開は、ロジスティクスの決定につながる情報チェーンの最初のリンクにすぎない。この情報をさまざまなステークホルダーに提供することで、いくつかのタイプのアプリケーションがクラウドに出現し、新しいフロー制御論を活用して、よりグローバルでより正確に、個々人に合わせて、ネットワーク全体を見渡すことができるだけでなく、ネットワーク管理アプリケーションがその動作の完全な知識を利用できるようになるはずである。このように、あるハブから別のハブへのコンテナの発送は、与えられた物流ネットワークの条件に沿ってロジスティクスを決定するということだが、同時に、この作業が行われる正確な瞬間におけるフィジカルインターネット・ネットワークの性能を表すものである。

■規格

情報システムの分野であれ物理的なシステムの分野であれ、ロジスティクスは地域ごとの事情に基づいて発展しており、独自の規格やソリューションが多いことが相互の連携を難しくしている。

まず大きさについては、すでに述べたように、国、部門、企業によって、包装、小包、コンテナ、箱のサイズの種類が膨れ上がっている。また、パレットについては、欧州を含めた各国間での多様性があり、梱包サイズの互換性がない可能性がある。しかし各地理的区域におけるパレットは、トラック、貯蔵ラックなどの設備には適している。だが、パレットは輸送コンテナに適合しておらず、それがトラックトレーラー等と比較して容量の損失を生み出している。

情報面では、自動車製造、スーパーマーケット、電子機器製造などをサポートするサプライチェーンにおいて、非常に効果的な部門固有の規格があるにもかかわらず、状況は類似している。しかし、サプライチェーン間の相互作用がどのように起こるかに注目してほしい。電子基板メーカーは、航空サプライチェーンと同様に自動車サプライチェーンにも属することができ、もちろん電子サプライチェーンにも属することができる。これまでのところ、すべてのニーズをカバーするシステムは存在せず、サプライチェーンのステークホルダーは、他の組織との接続やインターフェースに使用されるソフトウェアシステムを増やす必要がある。

■保管

以上のように、ロジスティクスネットワークは顧客ごとに特化したものであり、効率化のためには集中化が必要である。この集中化は、経済的な出荷量と、需要の変動に対応するためのバッファ在庫を考慮することによって、必要な在庫レベルに影響を与える。オープンネットワークはこの戦略に挑戦できるだろうか。

ネットワークが前述したようにメッシュ（網目状）になっていると想像してみよう。需要に適したコンテナがあるため、輸送手段のサイズに合わせて出荷する必要がなくなる。また、出荷は需要が発生する地域に直接送られる。この場合、「中央の」在庫が、システム内の在庫を制限するように、例えば工場のような製造場所に保管されることになる。しかし、定期的に消費される製品のリードタイムを短縮するには、製品を顧客の近くに配置することも考えられる。ハブ（ルーター）

やネットワーク内の他の接続地点が、他の機能に加えて保管容量を備えていると考えると、在庫を多数の場所に配置できる可能性が出てくる。顧客の需要をとらえたら、最適な場所を選ぶため、ネットワーク内の在庫位置を検証し、将来の需要に対応して調整する。現在の形とは対照的に、サプライチェーンは常に製品を必要に応じて送り直すことができなければならない。フランス南部に保管された製品は、北部で需要があってもとりあえず南部に保管し、南部で消費されるものと考えるのは、いまだによくあることだが、正すべきだ。生産物を分配するこの一方通行の構造化されたフローは、より効率的な輸送システムと結びついた新しい情報システムにとって、挑戦すべきもう一つの課題である。

ネットワークにおける分散型保管の可能性は、在庫管理とサプライチェーンに全く新しい展望をもたらす。この保管形態のおかげで、突然の長距離輸送は減り、リードタイムも短く、移動距離も短く調整されて置き換わる。それが各セクターやステークホルダーに、理論上、また実際にどれだけの利益を生むか、在庫の観点だけでなく、輸送の観点からも、評価してみるべきだ。

■対応能力（キャパシティー）の管理

サービス提供者の対応能力は、現在のところ、社外に出す情報ではないと考えられている。その結果、ある時点で使用されない能力は、生産、保管、輸送のすべての意味で無駄になっている。機材コストが特に高い航空業界は、長い間この問題に着目しており、その輸送力を運用するために2つの補完的アプローチを開発してきた。第1のアプローチは、座席の設定価格をシステム上に公開し、飛行機に関わる誰もがシステムにアクセスできるようにする方法だ。これにより、顧客は運賃を比較し、複数の航空会社を乗り継ぐ旅行を計画し、予約できる。第2のアプローチとして、各航空会社が自社の座席販売管理システムで収益予測によって価格を設定できるようになった。

この事例は、対応能力の公開とその管理が何を意味するかを物語る。すべての時点で実際の容量を直接公開するのではなく、サービスを提供するために必要な情報を公開することで、事実に基づいた判断が可能になる。このようなシステムは、すでに貨物運送取引を通じて試みられているが、これらの貨物運送取引は望ましい結果に達していないと言える。しかし貨物部門は（海運を除いて）、ハブを中心とした構造になっていないため、貨物をある運送会社から別の会社に引き継ぐ。そのため、輸送自体が個々の事情で決まり、迂回配送も増えて値決めが複雑になる。各運送会社は儲かる荷物の情報は自社にとどめ、利益の薄い積荷の情報は外に出す（公開する）。こうした状況は情報を公開するシステムへの関心を著しく失わせる。

主要な構成要素

あくまでフィジカルインターネットの概念を示すために、ここにその主要な構成要素を挙げる。実際、フィジカルインターネットとは結局のところ、ロジスティクスサービスのインターフェースを効率化させるための提言をまとめたものであると、理解しておく必要がある。したがって、フィジカルインターネットを可能にする最良の解決策と技術の発見は、ステークホルダーの手に委ねられる。したがって、ここでは、現在、私たちから見て必須であると思われる物流資源について述べる。その物流資源のいくつかについては、第1部では簡単な説明にとどめ、後でまた取り上げていく。

■コンテナの種類

標準化されたコンテナの利用は、一見すると、フィジカルインターネットを展開するための主要な前提条件であり、障害でもある。では、

図12 ● フィジカルインターネットコンテナに必要な特性

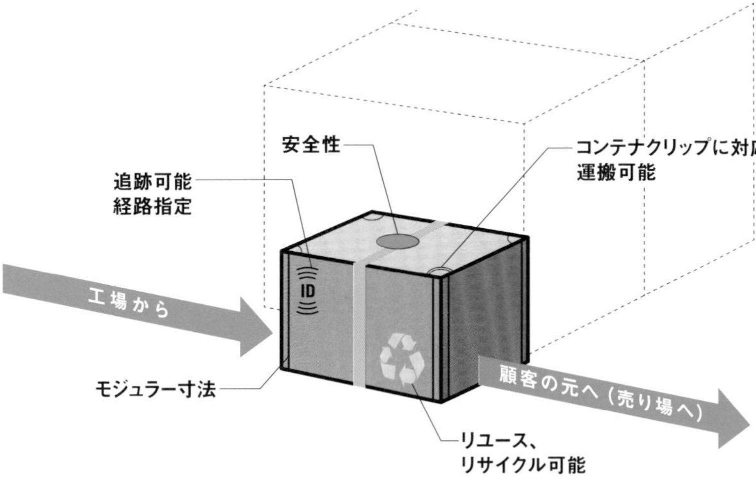

なぜ利用を主張するのだろうか。これにはいくつかの理由がある。

第1に、よりオープンで共有された枠組みの中で輸送を保護する必要性であり、これには製品の安全と製品の識別の問題が関わってくる。標準化されたコンテナは、品物を物理的に保護し、匿名化する手段となる。

第2に、フィジカルインターネットでは、最小で一貫したユニットを想定する必要があり、しかもそれにはIPv6アドレスを関連付けることができるユニークな識別番号を付与しなければならない。IoTを可能にするこのアドレッシングモードは、デジタルインターネットの最新標準の一部であり、すべての対象物にアドレスを関連付けることができる。

第3に、これは真の挑戦となるが、世界規模で輸送手段を組み合わせたロジスティクスツールを提供することである。言い換えれば、私たちはすべての輸送手段を満杯にする必要がある。

第4としては、一つひとつの、または数個単位でまとめたコンテナの荷役、運搬、保管を容易にし、荷役作業の軽減を図るとともに、積載量や重量を正確に確認することにより、組織の枠を超えて荷物を集めて運べるということである。

これらの最低限の機能のうえに、特定の用途に必要な機能や、さまざまな要件、特に持続可能な発展を満たすために必要な機能を追加すべきである。したがって、コンテナは次のようなものになる(図12)。

▶天然資源の消費を最小限に抑えるためにリサイクル、または再利用可能なもの

▶スペースの節約だけでなく、メンテナンス時の部品管理もできるよう分解や折り畳みも可能

▶等温式を採用して、一般的なコンテナ輸送への統合をスムーズにし、特定の温度帯のロジスティクスネットワークに限定されない

▶棚に置くときの取り扱いを最小限にし、販売に備える

▶その他

第2部では、コンテナ、特に想定されるサイズの種類について説明する。

■適切な荷役ツール

コンテナ輸送の標準化に対する関心は、ISO1161-1984によって標準化されたツイストロックシステムとともに高まっていた。識別確認の荷役インターフェースが確立されれば、それに応じて荷役ツールを設計することが可能になる。このことはフィジカルインターネットにとって何より重要である。なぜならフィジカルインターネットにおいては、現在のサプライチェーンに比べ、最初の積み降ろし/積み直し(unloading/reloading)検査がより重要になるからだ。

輸送コンテナに関する半世紀以上の経験から、積み降ろし/積み直しを最適化すればコストをひと桁の規模で削減でき、費用負担が楽になることが分かっている。今日、積み降ろし/積み直しのコストが、約

150kmの距離を運ぶのとほぼ同じならば、たとえ荷物を減らすことになっても、荷主が何としてもそれを避けようとするのは理解できる。このコストに本格的な見直しが起こり、同時にエネルギー価格や環境税のために輸送価格が上昇するならば、最適化された積み降ろし/積み直しシステムを進める再調整が自然に起こるだろう。

したがって、荷役ツールの効率化は成功への鍵となる要因であり、次章で再び取り上げるテーマである。

■オープンで安全な情報インフラ

フィジカルインターネットのもう1つの重要な要素は、利用者がコンテナとほぼ継続的に通信する能力である。このようなコミュニケーションが必要とされるのは、すべてのシステムユーザーが自分の製品の位置と状態を確認し、製品に起きていることを監視し、新しい指示を与えるためである。つまり、今日組織内で行われているように、必要に応じて出荷を管理する。そのためには、情報を取得して構造化し、その情報を利用者が独自のアプリケーションで利用できるようにするためのインフラが必要となる。

このニーズを満たすプロジェクトはすでに存在しており、それはIoTである。IoTの目的は、あらゆる物体をセンサー(位置、温度など)を備えた「ウェブサーバー」に変え、ウェブサイトからのリクエストに応えたり、他のオブジェクトとやり取りできるようにすることである。したがって、フィジカルインターネットにおけるコンテナの意味を考えることと、コンテナをIoTにおける構成要素として考えることは不可欠であると思われる。

この基本構造においては、処理能力に一段と注意を払う必要がある。なぜなら技術上の個別の事象(ハブへの到着、コンテナの開封など)を捉えて、標準化された物流情報の中に取り込み、デジタルインターネット上で情報が利用可能にする必要があるからだ。この情報は、アク

図13 ● フィジカルインターネット内のコンテナを監視するための情報構造
すべての通信はデジタルインターネットで行われ、一部のアプリケーションはクラウドで実行可能

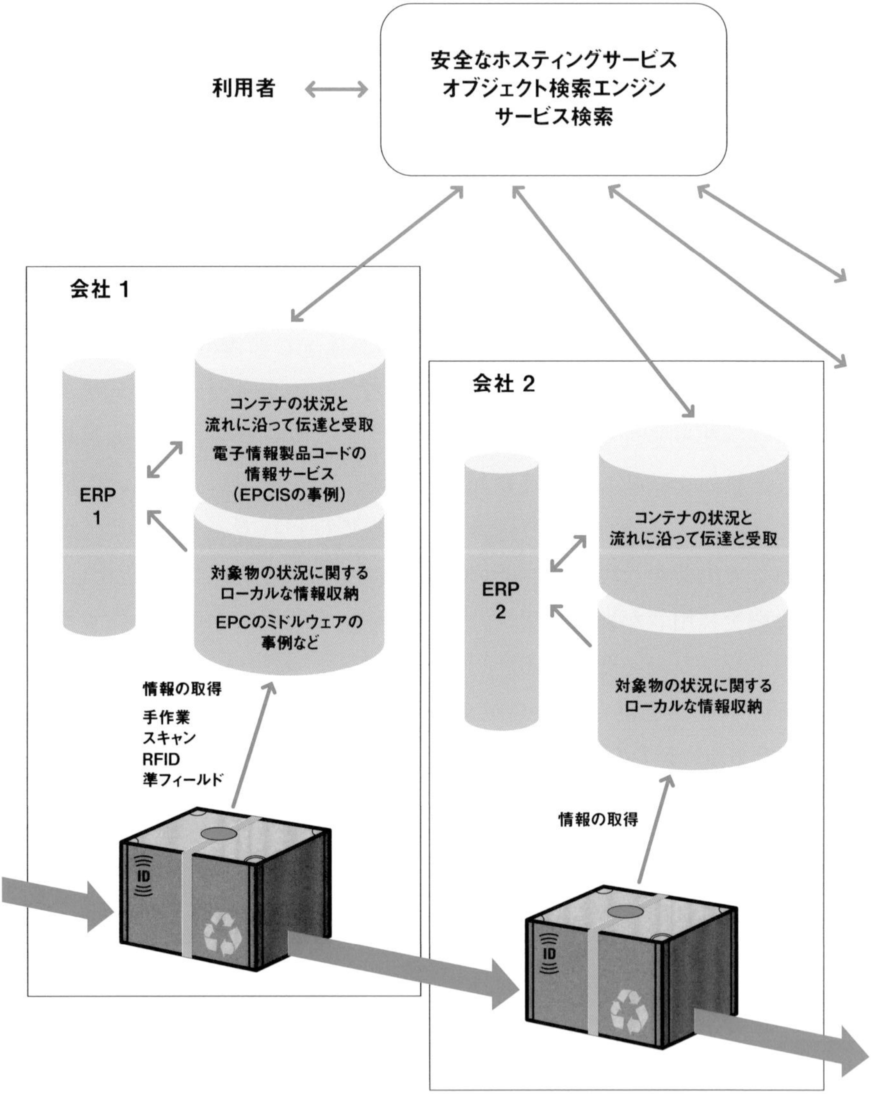

セス権によって即座に保護される必要があるが、検索エンジンを介してアクセス可能で、さまざまなユーザー（荷主、ロジスティクスサービスプロバイダー、税関、運輸会社、トラックなど）がソフトウェアツールで特有のインターフェースを介して使用可能である必要がある。

図13は、この構造を示している。さらに、スーパーマーケットの小売製品の分野では、このインターネットの発展に対応する初期の構造および関連する規格がすでに存在する。これがEPC（Electronic Product Code、電子製品コード）グローバルアプローチである。

簡単に言えば、コンテナを1つの製品として考えると、EPCグローバルの構造がここで述べるように当てはまるのだ。

EPCグローバルコーディングは、さまざまな手段（バーコード、手動入力、RFID）で読み取ることができる。1つの動きは情報収集に関連付けられており、標準化された流れ（荷受け、在庫の追加など）の中で保存され、EPC Information Services（EPCIS、電子製品コード情報サービス、EPCを基に関連付けられたデータが格納されているサーバー）を通じて公開される。企業の枠を超えて、DS（Discovery Services、訳者注：IdPが複数あるときにそのうちの1つを選ぶためのサービス）やONS（Object Naming Services、訳者注：EPCISの場所を探し出すためのサービス）などのEPCIS内の検索サービスを介してオブジェクトにアクセスできる。DSやONSは、EPCを使用して特定のモノを処理したEPCISを検索するために安全に使用されるため、オブジェクトがどのシステムを通過したかを事前に知ることなくモノを管理できる。

■発明すべき運用プロセス

独立した業界関係者によって運営される分散システムである、フィジカルインターネットは、幅広く自由な運用が可能になる。単にネットワークを提供する形もあれば、特別仕様でダイナミック経路選択をする、あるサービスプロバイダーから別のサービスプロバイダーへの「中身を明らかにした」転送、さらにある輸送方式から別の方式に転送する場合もある。

これらすべての運用に当たっては、利用者が活動を調整し、コンテナが最も効率的な条件の下で運ばれるためのプロトコルが必要になる。そこでは特に各オペレーターがそれぞれの運用を最適化するために開発したアルゴリズムに基づくプロトコルの導入が必要になる。もちろん、そのためには、そのオペレーターが標準化されたサービスを提供することを条件としている。

1つのネットワークから別のネットワークへの転送は、依然として重要なポイントである。荷物の転送は商品に対する責任を転送すること、および要求されたサービスと配達時間を遵守するという問題でもある。各利用者らにとって、自らのネットワークによって提供されるサービスに関する信頼できる情報を公表するためには、更新がほぼリアルタイムで必要となる。

ローカルレベルでは、例えば、ハブ内でコンテナとそれを荷役する機器との間の通信プロセスも標準化されなければならない。それにより、フィジカルインターネット内のすべてのコンテナは、たとえ施設が異なる技術を実装していても、システム内のハブによって管理できるようになる。

■新しい経済モデル

複数のオペレーターによるミッションの実現は、このミッションに対するオペレーターの貢献をどのように評価し、それゆえに各オペレーターが受ける報酬をどうするかという問題を提起する。デジタルインターネットの分野では、情報の送信者および受信者は、アクセスプロバイダーに定額使用料を支払うことによってネットワークインフラを支える。情報の転送を担うオペレーターは、トラフィック交換協定に基づいて情報を転送する。ロジスティクスに関しては、最も単純な経済モデルは、例えば、手紙の切手のように重量と地理的区域に応じて、発送の際に課金するという方法だ。この料金は、運送に貢献したそれぞれの事業者間で分割される。すでに事業者間には、標準的な価格設定とそれに伴う補償制度を備えたこのような運送分担協定が存在する。国連の管轄下にある万国郵便連合は、加盟国のためにこの種のメカニズムを管理している。フィジカルインターネットの枠組みの中で、運送の分担はある程度、規則的なルールとして浸透している。したがって、ネットワーク間の提携よりも一般的な経済モデルを提案する必要がある。

物流への対応力を開かれた市場で共有し、利用することを奨励するために、このような新しい経済モデルが必要である（各オペレーターが社内に能力を抱え込むよりはそのほうがいい）。さらに、長期的にせよ、一時的にせよ、すべての関係者のより良い利用を促すことで、共有を可能にする必要がある。これは当然、現在のロジスティクスサービスプロバイダーのやり方とは大きく異なるアプローチであるが、航空会社が航空機をできるだけ満席にするために航空券の価格を変更する方法から、それほどかけ離れていない。

■適切な規制および法的枠組み

本書は、本質的にこの概念の技術的側面に焦点を定めており、そこにはすでに特にインコタームズのような商品輸送を管理するための高度に開発された規制の枠組みが存在する。それにもかかわらず、オープンシステムの展開は、はるかに複雑になる一連のオペレーターの責任、紛争の際のコンテナの内容へのアクセスと取り扱い条件、税関へのアクセスなどを検討するために、必然的にこの分野で新しいニーズを生み出すだろう。

3 新しい物流の姿

すでに始まっているフィジカルインターネット

本書で述べているコンセプトは未来的に見えるかもしれないし、現在の陸送中心のロジスティクスの実態とはかけ離れているかもしれない。しかし、このようなシステムの要素については、歴史上の特定の分野においても、最近の発展においても、多くの兆候が見られる。

第1に、すでに多く引用したコンテナ海運貨物は、コンテナ化（Levinson、2006）の適用可能性と導入されるプロセスの好例を提供する。おそらくもっと逸話的に言えば、ムンバイで弁当を配達するダッバーワーラー（訳者注：きわめて正確な配送システムとして知られる）たちのシステムは、コンテナ化とアドレッシングへの取り組み（Bondre、2011）に焦点を定める私たちにとっても興味深いものだ。

陸上ベースのロジスティクスに近いものとして、私たちは特に消費財におけるロジスティクスネットワークの混載の事例、および共同配送協定に注目する。どちらも特定の地理的区域における同業者の貨物輸送をオペレーター1社が担当するものだが、これらの措置は拡大ができない。

最後に、発送者によって共有されているネットワークがすでに存在している。例えば速達配送ネットワークや、より軽い配送のための郵便ネットワーク（最大30kg）だ。

しかし、これらのネットワークのいずれも、他のネットワークや上

表2 ● 現在の陸上ロジスティクスネットワークを差異化する要素

主な配送ネットワークの特徴	「工業用」ロジスティクスネットワーク	速達便	郵便
荷物の大きさ（最小/最大）	パレットから輸送コンテナ、トラック、または完全な列車積載まで	小包からパレット	封筒から小包
配送範囲	ネットワークや顧客サイト内で	ネットワークカバレッジ内の任意の住所	世界中のあらゆる住所
宛先	ネットワーク内の次のポイント	最終（配送中は変更不可）	
在庫	あり	トランジット	なし
サービス	必要に応じて	事前定義された複数のサービスレベルが可能	
ネットワークのオープン性	なし（混載を除く）	二国間の輸送協定（同じタイプのオペレーター間）	郵便事業間

述したような、より工業的なネットワークと簡単には相互接続することはできない。

研究の観点から、私たちはスマート貨物（GS1、Euridice、eFreight、iCargo）とMegaSwapBoxesによるコンテナ化に関する多くの研究に注目しているが、それらと想定されるさまざまな解決策との間にはまだリンクがなされていない（表2）。

このように、異なる運用形態を持つネットワークが、国家や大きな経済圏ごとに特化した巨大な組織群を形成しているが、残念なことに端から端までを結ぶロジスティクスサービスという観点で言えば、まだ相互接続には至っていない。

目標とするオペレーションの説明

このグローバルな相互に接続されたシステムが存在すると想像してみよう。従来のロジスティクス業務ではどのように機能するのだろうか。どのような種類のサービスが、どのような形で提供されるのか。2030年以降に話を進め、さまざまなステークホルダーにもたらされる変革について考えてみよう。

■消費者であるあなた

金曜日の夕方に帰宅すると、あなたは建物の入り口にあるロッカーからコンテナを取り出す。実際には、それはいくつかのモジュール式コンテナ（おおよそカートンサイズ）の集合体で、朝にはそこに空の折り畳まれたコンテナが置かれていた。取り出したコンテナには、家庭用や3Dプリンター用に注文した品がすべて入っている。実は、食品用の棚に設置されたセンサーも発注をする。注文を書き替えない限り、棚の製品と通信して必要な品を管理する。あなたは基本的に注文を任せている。別のモジュール式コンテナでは、ランニングシューズやテニスラケットなどのレジャー製品をチェックする。早く試してみたい気持ちになるが、靴のサイズを確認したいわけではない。靴は足の3Dスキャンに基づいて測定した。気になるのは、比類がないとされる靴の衝撃吸収力とラケットのパワーや精度だ。

生鮮食品が入ったコンテナも届いている。青果店が目利きした野菜類を見つけてあなたはうれしくなる。好みや料理の腕前に合わせて、すでにおすすめレシピももらっている。私生活が侵されていると評する人もいるが、このサービスを利用するかどうかを決めるのは自分自身であり、自分のニーズに合ったこれらの配送によって、これまで買い物に注いでいた無駄の多くが省かれた。

金曜日の夜は「ビッグデリバリー」デーだが、それはあなたの選択である。そのおかげで、週末は他のアクティビティに使える。特に、明日はイタリア料理教室に登録しているので、新しい商品や生産者と出会い、新たな商品を生かすアイデアを見つけることができる。予約の際、来週の友人とのディナーのために材料を予約することもできたし、教室に行くのに必要なレンタサイクルも予約した。

■本社の市場サービス担当の取締役 X氏

月曜日の朝9時に長い週末を終えて帰ってきたX氏は、少し心配していた。彼の製品のいくつかは天候に敏感であり、会社の配備システムに与えられた指示にもかかわらず、彼は事前配置に関して正しい選択をしたか確信がなかった。さらに、プロモーションキャンペーンは、まだかなり手当たり次第なものだった。

運転制御室に入ると、積載率に関する画面が緑色になっていて安心した。全体的な状況を映す画面を素早く見ると、国内でさまざまな製品のコンテナを保管できる100ほどのサイトが表示されていて、実施された輸送を確認できた。一部の地域では、需要が予測をはるかに上回っていたが、近隣のハブから在庫を発送すれば、近接しているため、半日以内に需要を満たすことができる。その結果、ロジスティクスネットワークの一部でコンテナ数がかなり少なくなっていた。

しかし、フロー監視画面を見ると、補充を想定したソフトが役目を終えており、近く到着する列車では、流通業者や個人のニーズに合わせた大小数百のコンテナが輸送されていた。X氏は、年間ボーナスでは顧客への品切れを起こさないことが評価につながると気付き始めた。ただし、この対価を決定する要素として、搬送コストと「工場から顧客まで」のリードタイム（「在庫」という言葉はもはや実際には使われておらず、彼の専門である消費材ロジスティクスでは、コンテナが数日間同じ場所に置かれることは非常にまれであり、それらは領域全体に完全に分散されていたため、この概念は意味を失っていた）という2つの要素が残っていた。

彼は配達時間をチェックした。彼が調べなければならなかったのは、平均して3日で、わずかに心配なケースが5日であった。今世紀初めには3週間かかっていたという。在庫のアラートを気にする恒常的なストレスもなく、さらに言うまでもなく不満を抱いている顧客もいなくなった。費用の点では、うれしい驚きが彼を待っていた。かなりの部分が高度に経済的な方法で実行され、補償を伴うわずかな緊急配達分を補っていた。X氏が時計を見ると9時20分であった。彼が特に誇りに思っている革新的な流通プロジェクトに時間を費やすことができるようになった。

■GN Logistics社のサービスオペレーターのオペレーションディレクター Yさん

Yさんは、長い週末の最後の72時間、自分のサービスはどのように運営されていたのだろうと考えた。警告メッセージを数回受信しただけで、正しく動作しているはずだと彼女は確信していた。彼女はまず大画面で、自社の重量貨物輸送や独自の鉄道とのリンク、他のオペレーターと共同で運営している5つのマルチモーダル・ハブを確認した。主要アカウントとの契約により活動基盤が確保され、インフラへの投資が確保されたが、荷動きに変動があり、容量と需要に基づくオファーに基づいて確保したボリュームに届きそうだった。

そこでコンテナに関連付けられたロジックコントローラーは、オペレーターに輸送リクエストを継続的に送信し、オペレーター側も需要に応じる能力に基づいた価格を自動的に応答した。これらの主要路線の飽和状態は95%に近づき、価格も手ごろで、週末の状況もそれほど悪くなかった。しかし、鉄道の接続に加えて、約10台のトラックを2つのハブの間で運行させなければならなかった。したがって、彼女は機会を逃したことを振り返り、おそらくオファーを調整しなければならないだろう。

しかし、最初に彼女が注目したのは、ハブの1つで使用できない機器の割合が高かったことだった。ハブの構造は、相互に交換可能なモジュールに大きく依存していたので、出発の遅れがトラックの追加と鉄道接続の失敗を引き起こしていなければ、これはサービスに影響を与えなかった可能性が高い。週末の数字をチェックしておく必要があったし、何よりもハブの飽和状態を避ける必要から、状況についてもっと知るために、メンテナンスによって調査する必要があった。

Boxbook™のマシン同士のネットワークの評判は悪くなるかもしれない。サービスが中断すると通常はコンテナ間で警告メッセージが殺到し、その結果として積載量と収益が実際に失われる。したがって、彼女の最初の決断は、メンテナンスについて協議した後、受け取った予備部品を装置に取り付けるのに要する3時間のために、ハブの追加機能の容量を制限することだった。

Yさんは、ハブの予防メンテナンスポリシーを検討するために、今週メンテナンスマネジャーとのミーティングを計画した。その後、彼女は別のハブの周辺に拠点を持つオペレーターと、自動車会社の生産ラインへの供給について、テレビ会議を開き、担当者からその結果、地域の製造業の顧客のために協力する特別オファーを提示された。

■ラングドック地域のワイン生産者組合「Production」のディレクターZさん

Zさんは、リラックスしていた。彼女は今では、自社工場を抱えたり、リースすることなく、ワインの瓶詰め事業のベンチャーの共同経営に乗り出した際に、不安を抱いていたことを愉快な気持ちで思い起こす。難しい選択だった。一方では、新しい衛生とトレーサビリティの要件を満たす新しい包装ラインに多額の投資が予想され、他方では、もはや製品の瓶詰め、ひいては品質をコントロールできなくなる恐れがあった。アジアの重要な市場を念頭に置きながら、多くの規制を受けずにアフリカの新興市場に輸出することができるか。最終的に彼女は自分に打ち勝った。

そこでZさんは、国別の発注量や販売可能な在庫量を調べた。市場別の季節的な高値と安値を確認した後、今週中にタイにボトリングを発注することを決めた。100リットルのワイン「バッカス」の0.6m×0.4m×0.6 mのコンテナ1個が明日到着する予定だった。彼女はあらかじめタイのサービスプロバイダーに、指定したガラス瓶の品番、ラベルを印刷するための紙、そしてフランスで製造されたコルク（満足して協定を結んだワイン生産者によって要求されたように）のすべてが必要な量であることを確認するように依頼を出しておいた。

その間、彼女はラインが利用可能である旨の確認を受けると、彼女は安全な鍵を生成して、瓶詰め作業の間に、サービス提供者がワインコンテナに保管されたパッケージングプログラムにアクセスして、直接、生産設備を管理できるようにした。かくしてZさんにとって、瓶詰めのプロセスが「共同作業のように」円滑に進むようにした。

彼女は、密封されたコンテナのログを確認し、輸送中の温度や進捗状況などの重要な指標をスクロールして確認した。何らかの方法で制限を超えていた場合は、すぐに警告が表示される。キャップが搬送され、関税が支払われるように、税関へのメッセージが自動的に送られたかどうかは、確認する必要がある。彼女には、メンバーに会いに行って、彼らが今後数カ月の間に市場に出したいと思っている製品を評価し、それに応じて「バッカス」のコンテナを注文するという仕事も残っている。出来のいいワインはアジアで売れてしまうこともある。ワイン生産者を訪問して、次の年の計画を立てるにもちょうど良い機会だ。

4 どんな可能性があるのか?

これまで見てきたように、このような技術の進歩的な普及は、ロジスティクスのツールだけでなく、業界の活動全体を作り変えてしまうこともある。2つの例を挙げてみよう。

- 少量の品を、大きなボリュームの品同様に、効率よく出荷できるシステムは、ハブ＆スポーク型の物流ネットワークを変え、取引先だけでなく消費者にも直接配送できるようになるだろう
- 重量が大きく、最も効率的な手段へのモーダルシフトに適したシステムは、大陸間、大陸内、地方、都市規模のコンテナ用自動ハブによって、より多くの貨物を輸送することになる
- 新しいシステムを採用すべきだという議論の1つは、当然ながら、新しいシステムが取って代わるものよりも効率的だということだが、それだけではない。環境にとってもいいものになり、新たなイノベーションや新たな利用者の道を開くことができれば、新しいシステムに何より大きな利益をもたらす

よりレジリエントなロジスティクス

最初に求められる特性は、もともと軍事用に開発されたデジタルインターネットを考えれば明白だ。すなわちレジリエンス（訳者注：回復力、強じんさ）。冷戦の最中、1つの大規模ネットワーク内でコンピューターネットワークを相互接続しようとした当初の目的は、軍事行動の結果として1つ以上の送受信局が失われた場合に、その機能を保存する

ことであった。

同様に、フィジカルインターネットは、利用者に対し、同じネットワーク内で多くの代替ルートや複数の保管オプションを提供する。この柔軟性により、製造業者も消費者も同様に、物流センター、地域またはインフラに障害が起きた場合の影響を抑えることができる。したがって、倉庫を失った場合も、製造業者にあまりに劇的な結果をもたらさないだろうし、より一般的には、フィジカルインターネットでは、サービスレベルは同じか、または改善される。まとめると、ロジスティクスは必要とされるものであり、特に危機の際に重要である。したがって、よりレジリエントなネットワークが特に重要である。

より効率的なロジスティクス

第2の効果は、以下の初期研究結果で部分的に示されているが、輸送から荷役、保管までのいくつかのレベルでの性能の改善に関するものである。

輸送は原則として、サービスの相互接続によって可能となる多様な貨物の動きを統合することによって支えられている。(物流) フローの統合は輸送を効率化させるものとして知られるが、その手法は、車輛あたりの荷物を満杯にするか、小型車輛からより効率の良い高容量車輛に切り替えるかのいずれかである。だがモジュール式コンテナ化によって可能になったフローの統合は、フィジカルインターネットにおいても、また混載などの古典的な統合アプローチにおいても、効果的である。さらに、これまでのアプローチとは異なり、フィジカルインターネットは、その「普遍的な」野望を通して、潜在的に影響を広げ、その結果を地球規模のシナリオに適用できるようにする。ハブを介した輸送では、フローが集中し、現在のように荷物を個別に動かすことはなくなる。

フローを一定に保てば、その直接の結果として、交通量を削減できる一方、多くのメリットを享受できる。

▶インフラの飽和を遅らせる

▶特に都市で交通がより円滑に流れる

▶とりわけ主要路線・都市における環境汚染物質や温室効果ガスの排出削減

▶物流コストの削減

この最後の点は両刃の剣である。過去数十年間、輸送の経済効率はロジスティクスサービスの利益のみに適用されてきた。これは、業務の地理的拡大、工場の特殊化、ジャストインタイムなどにより、ロジスティクスサービスの利用の増加につながった。

しかし、ロジスティクスの効率性は輸送だけで得られるものではない。荷役、保管、仕分けやピッキング作業（コンテナの組み合わせの場合）は、コンテナのモジュール化を標準化することで大きなメリットが期待できる。ツールはよりシンプルになり、大きな効果が生まれる。

ロジスティクスのこの側面は、倉庫や物流センター内で現れるため、あまり目立たない。しかし、影響力の点では輸送そのものに匹敵する。ここ最近、ロジスティクスが使っているスペースに注目すれば明瞭である。この部門は、同じように大きく専門化され細分化された組織で発展してきたため、輸送の主な障害とそれに関連した非効率性の原因は明らかである。それは、活動のピークに応じて容量を設計していることだ。それゆえに、ならして見ると余剰が生じているのだ。飽和していない。

最後に、ロジスティクスサービスの品質とは、納品リードタイムを満たすだけでなく、製品の品質を維持することでもある。作業が繰り返される小売流通のような分野では、事業者はロジスティクスによって課せられる制約に合わせて、包装を最適化してきた。日用品の分野では、一貫性のない積み込みで製品パッケージに問題が起こったり、保管作業の中で製品に大きなダメージが発生したりすることもある。トレーサビリティのための進化したツールがない場合、問題が起きた場合のことを考えて、企業は専用の物流ネットワークを持つほうが有利だろう。特定のオペレーターに任せることができるからだ。

オープンシステムの前提条件であるコンテナの個別トレーサビリティは、コンテナだけでなく、その内容も管理するための新しいオプションを提供する。実際、パレットや輸送コンテナのように流通するロジスティクスツールに投資することで、大きなメリットが生まれる。この投資を個別に監視することで、損失や盗難を回避し、責任を負う人々に損害賠償を請求することができるからだ。パレットについては、そのようなシステムはまだ存在せず、多くの紛争の原因となっている。コンテナの個別監視とこの監視のための器具は、物流を変える可能性がある。IoTの枠組みの中で、単に通信するだけでなく、周囲の状況を知らせる情報も提供するチップが登場すると予想される。

位置、温度、光度、湿度、速度は、コンテナの位置を特定するだけでなく、その移動を再設定し、コンテナ内に積み込まれた製品が適切に処理され、安全に輸送されることを保証するのに非常に有用なパラメーターである。このように、利用者と商品とのリンクを提供することで、紛争時の責任追及だけでなく、商品自体のトレーサビリティ管理も可能となる。

すべての人のためのロジスティクス

現在のロジスティクス業務は、第1部の冒頭で強調したように、サービスとコストの面で目覚ましい成果を上げている。取り扱い量が多い大規模な生産者や流通業者には、より有利だった。

新しいロジスティクスでは、逆説的ではあるが、大規模な流通経路を通らず短いルートをたどる地域産品は、工業製品よりも大きな環境的影響を及ぼす可能性がある。フローを即座に統合するネットワークを通じた経路設定は、より多くの小規模生産者が生産品を物理的に効率的に販売できるようにする。

このフローに関する問題は、一方で荷物の受取人にも当てはまる。特に人口密度が低く、ロジスティクスを極めて非効率にしている農村地域でそれが言える。すでに北欧のある地域では、サービスプロバイダーがこの方法を導入し、地域ごとに順番にサービスを提供するという方法で、これらの地域が経済発展に不可欠な定期サービスを受けることを可能になったという状況が生まれている。

新しいサービス

このような従来なかったロジスティクス形態の開発は、単にパフォーマンスを改善するだけではない。それ自体、すでに大きな影響を及ぼす可能性のある要因である。新しいシステムの導入は、現在の活動を再考する機会でもある。ここでは、3つの可能性のある例を示す。

インターネットに接続する際と同じように、フィジカルインターネットにアクセスするための提供者を選択することもできる。配送と発送を統合して責任を負う提供者、というように。例えばこうだ。個人がネットで買い物をする際、発送元にかかわらず、彼がフィジカルインターネットの提供者の名前と住所を伝える。この新しいタイプのサービスプロバイダーは、顧客向けの荷物を受け取り、最終的な輸送を担当する。こうした新しいステークホルダーが加わることは、現在のロジスティクスの形をいくぶん変える。一方では、発送が簡単になる。荷物はまとめられ、工場から直接顧客に配送できるようになり、必ずしも小売業者の施設を物理的に通過する必要はない。サプライチェーンのもう一方の端では、配送と発送を単一の供給者が担うことは、現在、大手の利用者が行っているように、フローを集中させることを可能にするだけでなく、より良いサービスのための道を開く。

実質的には、顧客が1社のオペレーターによってサービスを受けた瞬間から、その人は単なる受取人ではなく顧客となり、サービスレベルも選べるようになる。例えば、その週にサービスプロバイダーのハブに集まったすべてのパッケージを土曜の朝に受け取ることもできるし、週に3回、夕方に受け取るとか、休日は変更する、なども選べる。その可能性は容易に想像できる。顧客に関するこのような詳細な知識があれば、配送の無駄を減らせる。不在、非通信型のエントリーコードなどは、サービスプロバイダーにとってコスト増となり、顧客にとってはいらだたしいものだ。このフィジカルインターネット事業者の気づきは、ここでは個人へのサービスの形で示している。明らかに規模が異なるものの、企業や産業界にもかなり通じるはずである。

輸送の分野では、荷物が標準的な方法で確保されコンテナ化されているという事実は、モノの輸送を代替輸送手段に開放する可能性がある。我々が考えているのは、短距離の輸送、そして自家用車の利用だ。

個人のクルマでもレンタルでも構わない。考えてみれば、自家用車は物資輸送に利用されていない主要な輸送能力である。ほとんどの場合、自家用車による配送は、自宅と職場の間の繰り返しの移動で計画される。この容積はほとんど使用されていない。しかし、私たちは、膨大なカーシェアリングという手法が人々のために存在することに注目している。

同様に、ほとんど使われない車のトランクは利用可能な輸送能力であり、最近のいくつかの取り組みが起こるまで完全に無視されていた。あらゆる資産の容量という側面を活用するフィジカルインターネットでは、クルマのトランクをインターフェースとして位置付け、自家用車をコンテナの輸送に使う、という道もある。クルマを動かす際に事前に申告しておき、駅や駐車場、充電所、レンタカー会社などに停車する際にコンテナの積み降ろしをするのだ。おそらく、補助的に発生するタスクとなるだろう。輸送がまだ豊富で比較的手ごろな値段の世界に住んでいるので、これらの末端の輸送能力は、現在完全に無視されている。しかし、これらの能力を動員することができれば、不要となった輸送手段をなくすことによって、(CO_2)排出量と混雑を大幅に削減することが可能になる。例えばこうだ。

イル・ド・フランスでは、毎日発生する1億kmの運転の43%が、それぞれ50kgを運ぶ自家用車での53kmの約81万1000回の輸送に相当すると考えると、これは1日あたり215万トンキロの移動容量、すなわち、2000台のセミトレーラーに相当する。フローは小さく効率は良くない。輸送回数を減らすことは、道路上の車輌を減らすことになり、混雑を減らし、相乗効果によって汚染物質を大幅に減らすことにつながるため、大きな挑戦である。

生産するまでと生産後を区別するのは、知的財産の保証や品質などの課題が多く、パートナーとの情報共有が困難だからである。しかし、その利点はよく知られており、開発されたこの手法の古い例がある。炭酸飲料の分野では、製品は本来の成分と炭酸水を含む濃縮物に分けることができる。炭酸水と包装を可能な限り市場に近づけることで、輸送コストを節約することができる。輸送コストは商品の価値に占める割合が特に高い。生産後の差異化や遠隔地での調整といった手法は、フィジカルインターネット自体の枠組みを超えるものである。ただし、フィジカルインターネットのコンテナに関連付けられたトレーサビリティとセキュリティによって、このような方法の展開が容易になる。コンテナ以外にも、製造や包装機器がコンテナから直接製品のレシピを読み取り、認証された製造方法を通じて工程の管理をその所有者に任せることも考えられる。

グローバルな再編の可能性

このようなシステムが導入されれば、ロジスティクスにおける現在の組織原則の真の再構築が見られるかもしれないことは理解できる。実際のところ、現在、広範な活動の中で競争が起こり、輸送手段同士やネットワークの間で競い合っている。そのためロジスティクスにおいては、ネットワークの真の相互接続がなく、システムを補完し、活用することで独自の競争力を磨くという形にはなっていない。何よりも、これは理論上の可能性であり、実装の段階を想定する前に最初のステップとして検証する必要がある。これらの実施に向けては、段階を踏んで、技術的および組織的障壁を取り除くこと、さらに、この分野ではすでに輸送、荷役および保管設備や、業界関係者が進めてきた関連情報システムへの多額の投資が行われているが、それに縛られることなく取り組む必要がある。

5 初期段階の定義と検証の詳細

フィジカルインターネットのようなシステムを展開するに当たっては、多くの疑問が生まれるだろう。それは儲かるのか。どのような技術が必要か。コンテナに対する制約は利益を帳消しにしないのか。複数のハブを通過する場合、リードタイムとコストがかからないか。ロジスティクスの利用者はそれに興味があるか。疑問は延々と続く。したがって、このようなシステムの導入を検討する前に、限られた規模であっても、主要な構成要素を調べてアプローチの妥当性を検証し、関連する潜在的な利益を評価するために、いくつかの主要構成要素を調査することが望ましい（困難な障害物があればそれを発見する）。

このアプローチを**図14**にまとめる。フィジカルインターネット・イニシアティブの役割は、関係者からコメントを募り、そのコメントを使ってプロジェクトを考案し、得られた結果でさらなるプロジェクトを喚起し、最終的には業界に推薦することである。これらのプロジェクトは、フィジカルインターネットという概念を展開するに当たって提起された実直な疑問に対して、具体的な結果を提供することによって、課題を明らかにするのに役立つ。関係者がプロジェクトへの参加を通じてフィジカルインターネットに投資する利点は、実際に自らの事業分野でフィジカルインターネットが実現される前に、その可能性と運用手法について知見を得られることであり、フィジカルインターネットの定義付けに貢献することができる。

これは、まさにいくつかの研究プロジェクトを通じて達成されたことであり、そのうちの本書で取り上げた2つについては、輸送研究プロ

図14 ● フィジカルインターネットをデザインするアプローチ

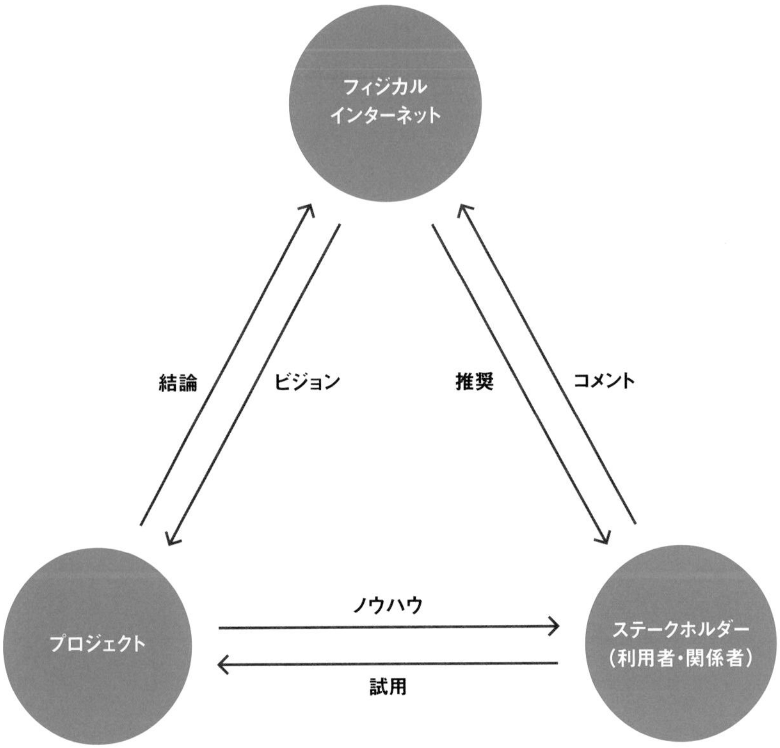

グラムである「Predit」を通じて、フランスのエコロジー・持続可能開発・エネルギー省の支援を受けた。これらの最初の2つのプロジェクトは川上の分野のもので、ステークホルダーの関与は少ない。第4部では、現在進行中の他のプロジェクトについて論じるが、ステークホルダーのより直接的な関与を示している。

特に、業界関係者との共同研究を中心に、以下のようなテーマに取り組んでいる。

1. 使用可能なコンテナサイズの数によって、コンテナ積載率はどのように影響されるか。

2. オープンネットワーク内のすべてのコンテナを最新技術で追跡できるか。それはそれ自体で十分な価値を提供しているか。
3. これらのコンテナは、大きさ、強度、荷役、通信などの観点からどのように特定されるべきか。
4. コンテナ貨物のみの荷役を行う陸上ハブには、どのような性能が期待できるか。
5. そのようなハブは、現在のロジスティクスシステムと競合するために、どのように運営されるべきか。
6. 1つの分野で展開を開始した場合、初期のシステムパフォーマンスはどのようになるか。

このうち、コンテナ貨物のみの荷役を行う陸上ハブの性能や、展開開始を想定したシステムの性能については、Preditの研究プロジェクトの一環として取り上げられている。詳細については、第2部、第3部で説明する。上記以外のトピックについては、第4部で簡単に説明する。

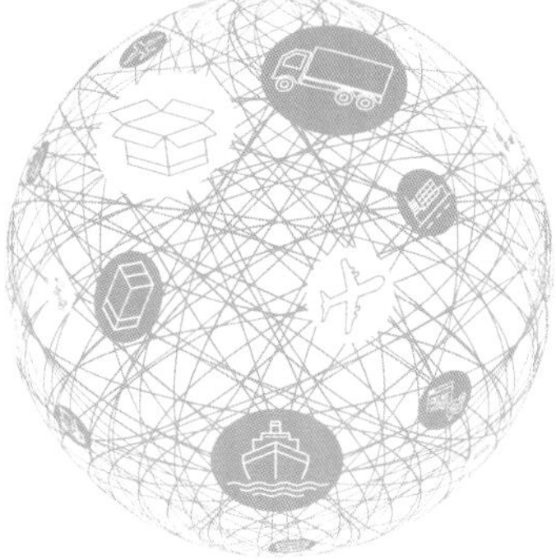

第2部
Part 2
フィジカルインターネットの主要な構成要素

フィジカルインターネットの基盤は、輸送、保管、ピッキングなどのロジスティクスサービス間の相互接続を構築するために、コンテナ、プロトコル（規約、手順）およびコンテナの経路決定センター（ハブ）といった、いくつかの新しい重要な要素によって構成される。ビジネスモデル、情報システム、規制などのその他の業務上のテーマは、まだ具体的な研究の対象となっていないため、ここでは扱わない。今後のプロジェクトでカバーされる予定である。

フィジカルインターネットでは、コンテナは荷物を保護し、オープンシステム内で個々のスペースを区切り、ロジスティクスシステム（通信、荷役など）とのインターフェースを提供する重要な役割を持つ。したがって、どのようなコンテナを揃えるかは重要な意味を持ち、そのデザインは最も重要だと考えられる。ここでは、それらを完全かつ確実に特定するのではなく、プロジェクトをより実務的な観点から方向付け、活性化させるために、規模、多様性、機能性の問題を探っていく。

フィジカルインターネットのプロトコルの役割は、ロジスティクス業務の各段階で、どのような種類の業務をどのような条件で行うかを定義することである。実際、これらは、発送された荷物がコンテナ化され、コンテナがネットワークを行き交い、荷物が時間通りに受け取り手に配達されるように適用される手順のすべてである。デジタルインターネットの枠組みの中で、TCP/IPプロトコルはこの使命を果たす。郵便部門には、国際連合に属する機関である万国郵便連合（UPU）のプロトコルがあり、その目的は、エンドツーエンドの郵便物の配達のために異なる国の郵便システム間の協力を促進することである。

ハブには、サービス全体が正しく実行されるように、到着したコンテナが時間通りに次の運送先に向けて出発することを保証する役割がある。この機能を実現するために、ハブは、受け取るコンテナだけでなく、パートナーを含めた膨大なデータにアクセスしてネットワークの状態を把握し、それにより、フローを正しく方向付けることができなければならない。当然のことながら、コンテナの標準化とそれに伴うプロセス、特に情報の構造化、そして機器の適合化と自動化は、ハブのパフォーマンスにおいて重要な役割を果たす。システムは閉じたものではなく、オープンなものでなくてはならない。

6 フィジカルインターネットコンテナ

フィジカルインターネットにおいて、まずカギを握る構成要素は、当然のことながらコンテナであり、さまざまなサイズのモジュール式コンテナである。この概念は第1部で簡単に説明した。ここでは、最初にモジュール式コンテナ化の利点を述べ、次に主要なコンテナの特性について説明する。

システマティックなモジュール式コンテナ化のメリット

■オープンネットワーク内のプライベートスペースを定める

ロジスティクスの第1の任務は、委託された製品を保護することであり、製品の価値は輸送サービスの価格を大幅に上回る。単一の顧客のためだけに、また単一のサービスプロバイダーによって運営されるロジスティクスネットワークは非常にシンプルなので、この任務に即している。破損・損傷・盗難などの争いが起きた場合の責任の特定は、もちろん非常に明確化されている。

さらに、「プライベート」ネットワークを利用すれば、競合他社に見られたり、容量を測定されたり、新しいパッケージや展開中の販促キャンペーンを特定されたりしないように、製品を「隠す」必要がなくなる。このように、製品、特に消費者向けパッケージ製品が、製造業者や小売業者専用のネットワークで運ばれていることに留意したい。しかし、海上輸送においては、現実的な代替手段が存在しないため、これらのライバル同士が、特に輸送コンテナを使うことにより、港の保管場所と輸送手段を問題なく共同で利用している。つまり、メーカーや小売業者が、ロジスティクスネットワークの資産を自社で管理することは、もはや競争要因ではないという考えを受け入れることで、フィジカルインターネットコンテナを使ったネットワークの共有が可能になる。ただし、賢い使い方をすれば、ライバルに差をつけることも可能だ。

■荷役の標準化の利点

ほぼ1世紀の間に、さまざまな近代的輸送手段のおかげで、ロジスティクスにおいて距離は問題ではなくなった。しかし、経由をしながらつないでいく輸送は、依然としてリードタイムとコストをがかかる現実問題である。

マルク・レビンソンによれば、1960年代に一般的な貨物を海上輸送する場合、主なコスト、さらには輸送を思いとどまらせるほどのコストとは、輸送コストではなく、港を通過する費用であった（レビンソン、2006)。この関係は、第1部で示したように、20フィートと40フィートのコンテナの標準化がもたらした進歩とスケールメリットのおかげで逆転している。

このため、海上コンテナ化については、75年にわたる実を結ばない挑戦を経て、その後の50年で視界が開けた。それは、一般貨物、固体バルク、液体、有害物質、食品など、あらゆる種類の貨物について、主要な港の間をほぼ毎日運航する競争力のある国際航路が多数確立されたことによる。荷役の標準化により、積み降ろし/積み直しのコストが大幅に削減された。

この論理は規模が異なる場合も通用するだろうか。つまり、軽いフローか短い輸送のために小さなコンテナについて、コンテナ輸送方式にするメリットはあるのだろうか。

実際、流通量やプロセスが比較的効率的な流通セクターである小売流通では、小売業者の物流センター（約500km超の距離）への流通コストの総額は、店舗（約100km超の距離）と店舗内のコストと同程度である。製品の量に対する流通コストは比較的一定である。実際、距離が短くなると輸送効率が低下し、広い意味での出荷作業が大幅に増加する。事実、店舗内を含む末端のモノの流れになればなるほど、マルク・レビンソンが海上輸送で示したような、広い意味での荷役と輸送の根本的な関係が見えてくる。

言い換えれば、現在の構造では、陸上輸送の100kmから200kmの間の積み降ろし/積み直しコストが、短い輸送をグループ化するうえで大きな障害となっている。したがって、標準化によって積み降ろし/積み直しコストを下げることは、輸送およびロジスティクスネットワークの有効利用とシステムの持続可能性にとって必達のゴールである。

フィジカルインターネットのコンテナ

フィジカルインターネットは、原材料であれ、部品、液体であれ、物理的な商品を直接扱うわけではない。扱うのはフィジカルインターネットのために特別にデザインされたコンテナで、荷物はコンテナに入れられている。

フィジカルインターネットのためにデザインされたこれらのコンテナを、本書で「PIコンテナ」と呼ぶ。

PIコンテナは、現在のコンテナ化の基本的な特性を基にしており、さらに機能が追加されている。

輸送コンテナに求められる特性の中でも、重要な1つのインターフェースがある。コンテナの役割は「あらゆる目的」で、運ぶものが何であれ、使えることだ。

そうであれば温度制御がなされたコンテナも、バルク液体用のタンクコンテナも、同じ組織や設備の中で、取り扱い、保管、輸送することができる。コンテナは可能な限り商品の多様性にかかわらず使われる。程度の差はあれ、デジタルインターネットのデータを含むデータグラムもそうである。出荷コンテナの最小限の特性は、次の通りである。

1) 海事分野におけるBICコードのようなトレーサビリティを確保するための独自の国際的な識別性
2) コンテンツの物理的保護
3) コンテンツの匿名化
4) 標準化されたサイズ
5) 標準化された機械的強度により、取り扱いや積み重ねが可能
6) 標準化されたシステムを用いたコンテナ間の捕捉とロックの可能性、ISO1161:1984ツイストロックの適切な開発

ここでは、これらの基本特性をスマートさとモジュール性で強化することを目指している。

通信機器、メモリー、センサーおよびコンピューターとしての能力を各PIコンテナに関連付けることにより、多数の機能を構想することができる。具体的には、次の通りである。

▶コンテナと現下の環境（トラック、把持装置など）との間の通信コンテナの正確な地理的位置をリアルタイムで知ることができ、トラック、船、列車でのコンテナの位置を把握し、コンテナの到着時間だけでなく、コンテナの取り扱い状況や将来の輸送を予測することができる。IoT（モノのインターネット）の不可欠な要素となるコンテナは、その荷役・保管装置、輸送とともに、マシン間通信を通じてこれらを調整することを可能にする。
▶開口部、温度、加速度、湿度などを記録し、個々のコンテナにアラートを送信することで、中身の状態を監視することが可能になる。このようなセンサーは、すでに広く普及している。
▶コンテナを組み合わせて大きなコンテナを構成することができ、次

の目的地が同じであれば単一のロジスティクスユニットになる。

▶これらのコンテナの機能性をさらに高めて、小さなサイズのコンテナについて、受け取った側がそのまま使用する方法も容易に想像できる。小売店では棚の詰め替え用として、あるいは簡易包装システムの中で詰め替え用の棚に置いたり、工場で機械に組み込んだり、一般家庭でも使えそうだ。つまり、広い意味で工場から顧客に届くまで、荷物を取り出すといった必要がないことがメリットになる。

本書に記載した特性のいくつかは、まだ標準化されていないが、すでに個別の形で存在する。コンテナの完全なトレーサビリティと荷積みを行う環境も整っている。しかし、今のところは、高価な独自システムであり、高価値貨物にのみ使われる。とはいえ、小型電子機器のコストは、生産量が十分であれば、時間の経過とともに下がっていく。これらの付加的特性は、まだコンテナには加わっていない。

PIコンテナとは、フィジカルインターネット認証を受けたロジスティクス施設、手段、システムおよびインフラによってのみ取り扱われ、保管され、輸送される、モノを運ぶユニットである。それらは、世界規模で標準化されたロジスティクスモジュールであり、新しいロジスティクスという分野で、オープンな基準で定義されなければならない。

これらのコンテナは、フィジカルインターネットの物理的な接続地点における荷役と保管、および接続地点の間の輸送が容易になるようにデザインされている。とはいえ、現状の輸送手段にも対応できるものでなければならず、それが開発に当たっての本質的な制約にもなっている。だがロジスティクスへの投資を無駄にはできないし、膨大なインフラ投資も活用する必要がある。

まとめると、フィジカルインターネットを適切に運用するには業務の連携が必要であり、フィジカルインターネットの主要な構成要素であるPIコンテナは、情報と荷役に関して最も標準化されたアクセスを保証することで、あらゆる荷物と荷役、保管、輸送手段について、変わらないネットワークを可能にして、基盤を固めていく。

■PIコンテナの物理的説明

物理的な観点から、PIコンテナを設計する目的は、取り扱い、保管、輸送、シール、インターロック、連結、積み込み、積み直し、組み立て、解体を容易にすることである。

それらは、ユニークで異なる個々の物理的な品や、より小さな体積のPIコンテナ、またはフィジカルインターネットのために設計されたものではない箱類を収納できる。これらはPIコンテナ内にカプセル化されるため、フィジカルインターネットには関係しない。

また、温度、湿度、振動の制御など、さまざまなパッケージ機能を付加できる。PIコンテナの互換性を確保するために、PIコンテナのインターフェースは似通っているが、内部は輸送される製品の種類（固体、液体、壊れ物など）に応じて装備される。

コンテナは、モジュール化されているが、サイズが異なる。コンテナの寸法モジュール性は、外形の高さで表すことができ、幅および奥行との組み合わせで容積が決まっていく。例：0.12m、0.24m、0.36m、0.48m、0.6m、1.2m、2.4m、3.6m、4.8m、6m、12m。ここで挙げる容積は、あくまで情報であり、実際には、ISO輸送コンテナは可変幅（外側は2.438mまたは2.462m、内部は2.33mまたは2.42m）で、そのため、パレットを中に入れることができる。PIコンテナは、パレットに依存すべきでない。

コンテナの容積および外形についてのデザインのための基準は、モジュール性、構造、把持などによって決まる。正確なモジュールの寸法は、国際仕様作成プロセスで協議されるべきだ。本書の中でこの後、2.4mまたは他の大きさの例を挙げるが、サイズ自体、複雑な議題であり、一層の議論により定められるものであると理解してほしい。コンテナの最大容積は、輸送インフラの大きさから決まる。2.4m×2.4mの断面は、すべての国で許容されており、例えば、北米の鉄道など、いくつかの国では2段に積み重ねる。国によるが、欧州でもセミトレーラーでは全長12mから16mを超えるものまである。

もう1つの求められる特性は、より小さなコンテナを組み合わせて合体PIコンテナを生成できるようにすることだ。逆に、バラして個々のPIコンテナとして取り扱うこともできる。この合体、分解機能は、グループ化やグループ解除により、構成要素ではなく全体として扱うことで、荷役を最小限にしたいニーズにも対応する。この合体の原理は、大きさがあまりにも異なっていると、当然、強度の面で物理的な限界に達する。後述するが、私たちは3つのカテゴリーを想定している。これに対応する技術的な解決策、例えばコンテナの固定部品または何らかの付属品などは、まだ定められていない。

PIコンテナは、使用後に最小の形にする必要がある。この機能は、再利用のための再配置や解体して再利用するなど、使われる場面に応じた、さまざまな形がある。

再配置自体については、いくつかのシナリオを想定することができる。最も簡単な解決策は、次の顧客に使う前に、空の状態で近くのハブに再配置することである。この技術的に非常に単純な解決策は、いくつかの例外を除いて、空のときに折り畳むことができない輸送コンテナで行われる。これは至極当然のことで、海上輸送のエネルギー消費は、大量輸送と輸送能力に直結しており、いかなる場合でも貨物量が不均衡の場合には輸送能力を再配置する必要がある。この場合、折り畳みコンテナは、より重く、より高価なので、あまり人気がない。しかし他の分野では、折り畳みや圧縮など特定の方法を用いた再配置が多くなる。したがって、システムの運用に不可欠な特性ではない。

使用後の解体についても、いくつかの方法があるが、デザインに使用される材料の選択に大きく依存する。もちろんリサイクル可能でなければならない。現在では、金属、プラスチック、段ボールなどがあ

図15 ● フィジカルインターネットコンテナに必要な特性

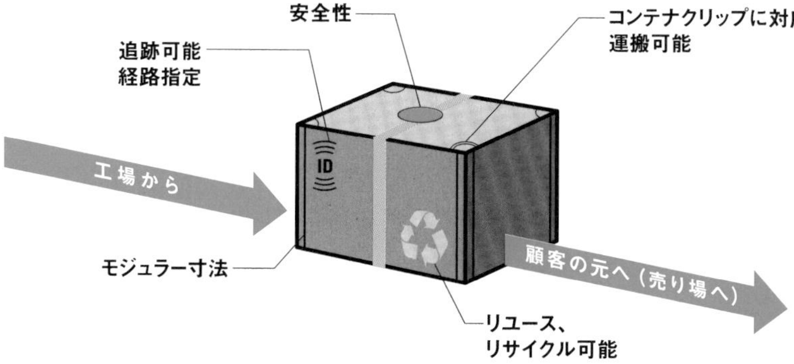

る。したがって、最終的な材料の選択は、要求される強度だけでなく、大きさや解体前までに目標とする使用回数で異なり、それにより、可能な投資額が決まる。

コンテナのデザインによって、異なる解決策が生まれる可能性がある。例えば、航空輸送では制限が厳しく、現在貨物室に受け入れられている「コンテナ」は、アクセスハッチと、積み荷を固定するための網が取り付けられたパレット、さらに臨時の組み立て品を備えた適正なアルミニウムの箱だ。コンテナは、同じ方法で扱われ、固定されるため、貨物室ではこうした解決策が使われる。

図15に、必要とされるコンテナの主な特性を示す。

■コンテナの容積カテゴリーとモジュール性によって提供される付加価値

現在の手法と異なり、私たちはさまざまな容積を提供するコンテナを求めている。だが容積は、荷物のサイズへの適応、無限の多様性、つまり構成、再配置などにつながる管理の複雑さなどの要素によって決まってくる。

一般的に言えば、PIコンテナの大きさを柔軟にすることで、出荷物のサイズに対応できるようになる。多様な標準コンテナが生まれ、あらゆる輸送手段で1つ以上のPIコンテナが運ばれる。モジュール化により、コンテナ同士の補完性が向上し、輸送手段がより有効に使われる。

ここで想定されるPIコンテナの範囲は、約$0.01m^3$から約$100m^3$、すなわち約$0.36ft^3$から$3,600ft^3$に及ぶ。

図16において、各点は、所定のコンテナのボリューム（X軸に示す）と輸送手段（青の四角や三角で表示）との組み合わせを表す。Y軸は、当該輸送手段の容量に対し、搭載される容積のコンテナ数を示す。組み合わせは考慮しない。例えば、コンテナ船は20フィートのコンテナ（長さ約6m）を18,000個まで輸送することができる。

現在の状況では、コンテナは、図16の中の右側にある、2つの記号列に事実上限定されているが、ここでX軸に沿った容積によって表されるPIコンテナは、異なるサイズの製品を非常に可変的な量で輸送することができる。

このように、現在のコンテナ船は2つのサイズのコンテナしか運んでいない。また、陸上車輛、列車、セミトレーラーについて、私たちは、従来のコンテナ断面図をベースに、輸送手段や輸送インフラに適した約$7m^3$までの小型版を打ち出した。2番目に小さなクラスは、$1m^3$程度を想定した。さらに、最も小さいクラスは、$1/10m^3$未満であり、小型の小包に対応する。このサイズで大多数の荷物をカバーし、サイズごとに分類することに特化したハブで使って出荷に対応することができる。

最後に、基本的なコンテナとして使用できるPIコンテナの3つのサイズ区分を明確にする。

1）大型コンテナ：断面積約2.4m×2.4mで、あらゆる産業用輸送手段で利用可能で、長さは可変。国や輸送手段に応じて、さまざまな出荷サイズと長さの両方に対応する。

図16 ● サイズおよび輸送手段によって運べるコンテナの規模

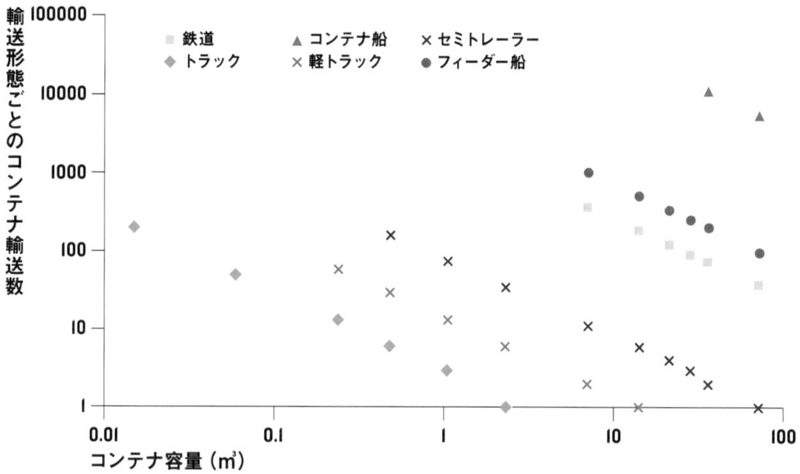

2) 中型コンテナ：$1m^3$程度の大きさで、基本的なコンテナを組み合わせるか、必要に応じて1つの基本的なコンテナで構成される。一般的にパレットに近い設置面積である。

3) 体積が$1/10m^3$の小コンテナ。これは最小サイズのカテゴリーで、組み合わせて大きなサイズにまとめられる。

ここでは、柔軟性に優れたソリューションを組み合わせて使う。コンテナの中にコンテナを詰めることは想定していない。

図17に示すように、コンテナのサイズが多様であるために、特に輸送手段の再配置や積み込みの面で、管理が非常に複雑になる可能性がある。使用可能なサイズが多いほど、コンテナに正しく積載されるが、これらのコンテナを組み合わせると問題が発生する。最終的に妥協点が見つからなければ、全体的な効率性が損なわれる可能性がある。

図17 ● サイズおよび輸送手段によるコンテナサイズの可能な分布

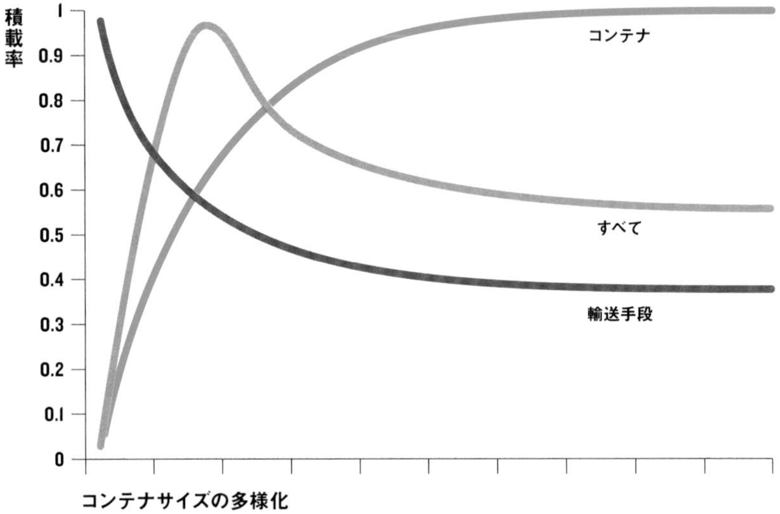

フィジカルインターネットコンテナの荷役

すでに強調したように、フィジカルインターネットハブを通過するためには、荷役の性能が鍵となる。言うまでもなく、この目的のために特別に設計された装置を使用することによってのみ高性能が達成される。フィジカルインターネットが現在の道路、鉄道、倉庫およびその他のインフラに依存する場合は、成果を出すのは容易ではない。

1つのハブ内、2つのハブ間など、異なるスケールの距離でPIコンテナを移動させるための物流資源の連携を考えてみよう。物流資源は、コンテナの大きさや対象距離によって異なる技術を必要とする。例えば、PIコンテナは、それが主要な機能ではないにもかかわらず、一時的にコンベヤ上に保管することができる。

輸送面では、過渡期には、現在のフラットトラックや鉄道車輛の使用を想定する。しかし、今後システムが進化していけば、荷役装置の開発を進め、システムに貢献していく（後のページで提案する道路/鉄道ハブのデザインのようにしたい）。それには、トラックや車輛の荷役を容易にする装置を組み込むことも考えられる（短期的にはボールベアリングまたはローラー上のプラットフォーム、あるいは、長期的には磁気など）。ハブおよび荷役装置自体に関しては、コンテナインターフェースのデザインを荷役や連動用途を意図して標準化やデザインすることが、高性能装置のデザインにも役立つ。

とはいえ、荷役は単に貨物を持ち上げることではなく、扱うモノを認識し、空間内に配置するものだ。そのために荷役装置とコンテナの間では対話が成立する。この機能は手作業で行われる（パレットトラック、バーコードなど）が、将来的には、一方で、手作業に関する労働規制が厳しくなり、他方ではロボット工学と自動化の進展が進むという二重の影響を受けて、自動化され、ロボット化されるようになる。このように、フィジカルインターネットは、よりマニュアル的な方法で始まり、フィジカルインターネットで作業するようにデザインされた機能を完全に利用することが想定できる。

PIコンテナの情報の説明

情報レベルでは、フィジカルインターネットコンテナは、すべて一意のフィジカル番号とICタグを介して情報が自動的に集積され、利用可能になったときに、IoTから派生した他のテクノロジーを利用する手段を備えている必要がある。このICタグは、ネットワークでの識別とルーティングを可能にするために必要である。これはまた、効率的で安全な運用のための必須条件である、フィジカルインターネット内のコンテナの完全なトレーサビリティを可能にする。

ICタグに含まれる情報にはいくつかのタイプがあり、コンテナの識別、整合性、配送およびセキュリティを全体的に保証できる。ICタグは、コンテナの状況へのアクセス権を管理することによって、許可された関係者のみがこの情報を利用できるようにする。製品に関するデータについては、そのアクセスを管理しなければならない関係者が保管すべきである。

技術的には、RFID技術は、現在、PIコンテナタグを構築するための適切なデータ取得手段であると認識されている。しかし情報の下流では、技術を集積し、その他の構造化・保護技術もIoTとともに明らかになっている。特に、IoT（EPCIS、ONSなどは用語集で定義）の汎用技術に加えて、EPCグローバルやiCargoの作業を引用することができる。これらの分野は、現在、ロジスティクスの枠組みを超える研究開発投資の対象となっている。この目的のために、PIコンテナの固有の識別は、通信も保証するために、IPv6インターネットアドレスと結合することができる。

PIコンテナに関する関連情報は、広義のICタグに含めることも、インターネットに移動することもできる。例としては、

▶それを使用する顧客の識別子
▶所有者の識別子
▶担当するロジスティクスサービスプロバイダーまたはそのソフトウェアエージェントの識別子
▶大きさと最大重量
▶構造積載容量（内部およびスタック）
▶機能（荷役、保管など）
▶有効なサービス契約の識別子
▶タグ上またはすぐ近くのコンテナのステータス（信号、故障識別子、シール完全性）
▶タグ上またはすぐ近くのコンテナのステータス（信号、警告：時間、

温度、振動、湿度など）

▶承認されたエージェント（税関、健康など）への安全なアクセス

▶位置情報

PIコンテナのコンテンツは、暗号化/復号化キーで保護され、ユーザーのプロファイル（コンテナ所有者、ロジスティクスサービスプロバイダー、荷物の所有者、政府機関など）に従ってアクセス制御される必要がある。この機能は、より多くの情報がコンテナ自体で利用できるようになるにつれ、ますます重要になってくる。

7 フィジカルインターネットのプロトコル

ネットワークの物理的構造に加えて、相互接続されたネットワークを活用してサービスを行うためには、サービスを構成する機能を、多階層（レイヤー）のサービスとしてとらえ、各階層間は、標準化されたプロトコルに従って構成されると考えることが、インターネットなどの通信サービスでは採用されて成功している。物流においても同様に考えてみてはどうだろうか。

この場合、物流におけるプロトコルとは、ネットワーク内の各関係者（例えば、トラック運転手、マネジャー、物流設備、ソフトウェアエージェント、サービスプロバイダーなど）によって遵守されるべき一連の規約に相当する。ネットワークサービスを構成する各関係主体の組み合わせの自由度を確保するためには各階層で互換性を持たせることが必要となるため、各階層のサービス要件と階層間のプロトコルを完全に規定する必要がある。

デジタルインターネットのケースでは、IT通信のプロトコルにより、関連するサービスを階層構造として構成することに成功し非常に幅広いサービスが提供できた。このことが、デジタルインターネットが、現在、最も繁栄した産業となった理由の１つである。

デジタルインターネットの繁栄を支えた、この階層構造は、階層がインターフェースの数を増加させて複雑な構造にし、その結果、パフォーマンスに悪影響を与えるというハンディキャップが生まれる危険性があると指摘されることがある。ここでは、インターネットエンジニアリングコミュニティを熱狂させてきたこの議論には触れない。しかし、この階層構造化は、複雑な問題を異なる部分問題に分解することで、解決が容易な問題に帰結させる可能性があるため、階層構造化の手法を知ることは、物流の構造を設計する上でも興味深い。物流においても、階層的な構造への機能分割と分割された機能を組み合わせることで、複雑な問題を容易にできる可能性を検討することは重要であろう。

ITネットワークサービスは、国際標準化機構（ISO、1994）が採用したオープンシステム相互接続（OSI：Open System Interconnection）レファレンスモデル（Wikipedia、2010）に従って、７つの階層に構造化されている。

フィジカルインターネットの概念的な基礎として、同様のモデルを検討してみよう。ここでは、OSI参照モデルをアナロジーとして採用し、OLI（Open Logistics Interconnection）モデルを考えてみたい。

OLIモデルとは、調達、荷役、保管、輸送のような特定の業務活動を含むロジスティクス・フローネットワークのためのプロトコルデザインを支援する、あくまで概念的で抽象的なモデルである。したがって、OLIモデルに関しては、インターフェースを多重化して別々の企業が担うべきだという意味ではない。１つのサービス企業が複数の階層を直接統合したサービスを提供することを妨げるものは何もない。

OLIモデルは、7つの階層を提案している。（1）物理層、（2）リンク、（3）ネットワーク、（4）ルーティング、（5）輸送、（6）カプセル、（7）ロジスティクスウェブの7階層である。**表3**にデジタルOSIモデルとの比較を示す。物流の現実であるフィジカルな世界に適応しながら、OSIモデルの基本的なロジックに強くこだわっていることに注意してほしい。したがって、層１と層３はまったく同じ名前になる。OLIモデルの層２は、OSIモデルでのデータリンクData Link（Wikipedia、2010）ではなく、単にリンクLinkと呼ばれる。層４～７は、OSI層の機能特性とのアナロジーを可能な限り尊重しつつ、ロジスティクス（物流）フ

表3 ● デジタルインターネットの階層（「OSI基本参照モデル」）

第7層	アプリケーション層（具体的にどんなサービスを提供するか）
第6層	プレゼンテーション層（データはどんな形式にするか）
第5層	セッション層（通信の開始から終了までをどう管理するか）
第4層	トランスポート層（通信の信頼性はどう確保するか）
第3層	ネットワーク層（ネットワークとネットワークをどう中継するか）
第2層	データリンク層（同一ネットワーク内でどう通信するか）
第1層	物理層（物理的にどうつなぐか）

表3 ● フィジカルインターネットの階層（「OLI基本参照モデル」）

第7層	ロジスティクスウェブ層（運送契約の締結方法:価格調整等）
第6層	カプセル層（貨物の荷姿をどんな形式にするか）
第5層	シッピング（運送契約内容の要素・水準規定）層（運送開始から終了までの管理・運送品質の概念規定・エラー処理方法他）
第4層	ルーティング層（ルート選択、および当該ルートでの輸送信頼性確保方法）
第3層	ネットワーク層（リンクとリンクを[中継し]ネットワークするか）
第2層	リンク層（2拠点間の輸送のモニタ・エラー処理）
第1層	物理層（物理的にどうつなぐか）

ローに適用するため、現実感のあるネーミングを工夫した。

OSIモデル（Wikipedia、2010）と同様に、OLIモデルの階層は、上位レベルにサービスを提供し、下位レベルからサービスを受ける。OSIとOLIとは、概念的には類似した各階層機能から構成される。

■フィジカルインターネット（OLIモデル）

このセクションでは、OLIモデルの階層について、その詳細、例えば将来のフィジカルインターネットイニシアティブプロジェクトの対象となる標準的なサービスやプロトコルまでには立ち入らず、まず概要を紹介したい。このセクションの目的は、あくまで基本を確立することだからである（図18には、ルーティング層のシミュレーションモデルの一部としての少しきめ細かい内容が含まれている）。

OLIモデルにより、階層別のサービスから構成されると便宜上考えることで、フィジカルインターネットの物理的、情報的、および組織的な対応区分が可能となる。では、OLIモデルの７つの基本階層を次に説明する。

①物理（フィジカル）層

物理層は、物理要素の移動を処理する。それは、コンテナ、輸送、荷役、保管などの機器の活用可能性、オペレーション、移動という状態を定義する。また、その基礎となる方法として、出発地と到着地の間を循環するためのインフラの連続性がある。

物理層は、フィジカルインターネットの物理（フィジカル）的相互接続が可能であることを保証する。PIコンテナの物理的仕様（機械、空気圧、電気）と、荷役、輸送、保管の方法を定義する。特に、機能レベルと次元レベルでは、到着点と出発点の組織と空間的な位置、位置把握（捕捉）のためのデバイスと観測デバイスなどを特定する。さらにデバイスの物理的故障を検出し、修正するための機器の監視にも拡張される。

②リンク層（２拠点間の輸送のモニタ・エラー処理）

リンク層は、輸送サービス、ハブ、在庫などを通してPIコンテナの動きが一貫していることを保証する機能的かつ手順的な手段を提供する。また、検出され、修正される可能性のあるリンク上の潜在的なエラー（例：通行禁止された道路区間、紛失したPIコンテナ、未識別のPIコンテナ、完全性の喪失など）を検出できる。ネットワーク層のパフォーマンスを監視すると同時にネットワークの品質を保証する基礎となる情報を与える。

③ネットワーク層（リンクとリンクを［中継し］輸送サービスのネット

ワーク形成を図る）

ネットワーク層は、ルーティング層によって要求されるサービス品質を観察することによって、すべてのPIコンテナが1つまたは複数のPIネットワークを介して、出荷ポイントから受取ポイントに配送されることを保証する機能的および手順的手段を調達する。このレベルでは、フィジカルインターネットを活用した「シッピングプロトコル」が定義される。

④ルーティング層（ルート選択と制御方法。当該ルートでの輸送信頼性確保方法）

ルーティング層は、荷送人と最終受取人との間でPIコンテナのセットを効率的かつ確実に移送する機能的かつ手順的手段を調達する。この層はPIコンテナ輸送の信頼性を制御する。PIコンテナの構成と分解、ネットワークにおけるPIコンテナフローの割り当てと制御、輸送エラーの検査を定義した上で、フィジカルインターネットでの運送経路決定プロトコルが定義される。

⑤シッピング（運送契約内容）層（輸送開始から終了までの管理・運送品質確保方法。エラー処理方法）

シッピング（運送契約内容）層は、荷送人と最終受取人との間の出荷の円滑な運用を制御する機能的かつ手続的手段を調達する。それは、荷送人と最終受取人間で、シッピング（運送契約）内容を設定、運送を管理し完遂させる。契約内容には、提供されるサービスのタイプ（普通、特急、航空便など）や、受取確認方法などの管理が含まれる。当該層には出荷のモニタリング、チェック、遅延、完了および再配送の手順なども含まれる。

⑥カプセル層（貨物荷姿のカプセル化）

カプセル層は、フィジカルインターネット・ネットワークにアクセスする前に個別に識別されるPIコンテナにユーザーの製品をカプセル化する機能的および手続的手段を提供する。

これは、上位のロジスティクスウェブ層で行われる製品の調達と配置の決定とのリンクを作成するために使用される。

物流ネットワークのネットワーク「フィジカルインターネット」

特にPIコンテナへの製品ユニットの割当てなど、製品の移動と保管の決定からPIコンテナの移動と保管順序の決定へと変換する。それは、PIの送受信局および関連リソース（入出庫、保管、輸送）の認可、キャパシティ、価格、パフォーマンスおよび署名された契約と展開させたPIコンテナのステータスを監視および検証する。これは、デジタルインターネットにおけるEDI（電子データ交換）の階層である。

⑦ロジスティクスウェブ（ダイナミックな運送契約締結層）層

ロジスティクスウェブ層は、フィジカルインターネットとフローマネジャーの間のインターフェース（運送契約締結層）である。フローマネジャーが、フィジカルインターネットを活用し、グローバルでオープンなロジスティクスウェブを通じて、製品（材料、部品、モジュール、完成品など）の調達、処理および導入に関するダイナミックな意思決定を可能にする。ニーズの現れ、フローのスケジュール、契約締結、会議の検討などは、この層の機能である。カプセル層との情報の同期に基づいて、契約、在庫、移動、参加者の現在や将来の割当て可能な各種能力（キャパシティ）を常に監視しておくことを可能としておく。フィジカルインターネットによって提供される新しい自由度を活用するサプライチェーンマネジメント、ロジスティクス管理、運用管理、事業資産計画およびERPソフトウェアの大部分は、この階層に

図18 ● OLIモデルによるフィジカルインターネット層の図

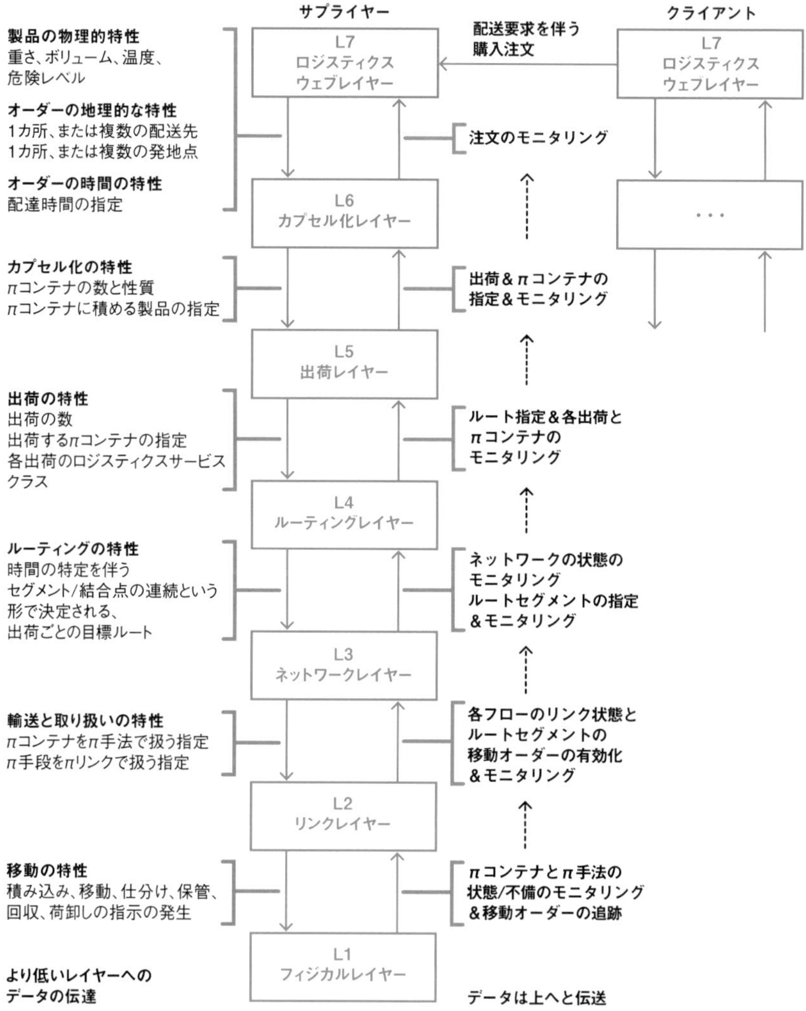

※図中のπはPI（フィジカルインターネット）を指す

ある。この階層のソフトウェアアプリケーションは、OLIサービスモデルの範囲外である。

フィジカルインターネットの層によって提供されるサービス

OLIモデルに従った階層構造によって、各レベルで提供されるサービスを**図18**に示すように構造化できる。

また、階層構造を見ると、現時点では制御構造が広く分散した「スマート」コンテナへの移行が有効と考えられる。各サービス層は実際にフィジカルインターネットの各ユーザーで実装されるが、コンテナがルーティングされ、監視されることを保証するために、各送受信局で高度な方法が実装される。

階層構造の今後の見通し

この最初のアプローチは実際のインフラのことを考慮していないため、フィジカルインターネットへの統合を考える場合は法的な側面を確認する必要がある。ITネットワークでは、ワイヤーまたは光ファイバーは単純な構成要素のままであり、依然としてほとんど「スマート」さを欠いている。他事業との連携や、システムの効率化を図るためには、状態（ステータス）のより良い可視化やトランスポートの制御、経路選択などのために、コンテナサポート（通信荷役装置または車輛）からインフラ自体（「スマート」、もしくは、特に「スマート」な区分と保管インフラの自動化）を上記の物理層に加えるべきかもしれない。

さらに、これらの階層は、それらの使用とそのサービスの性能との間の均衡を追求するために、ネットワーク層およびルーティング層のようないくつかの非物理層にサービスを提供し、それらからサービスを受信すべきである。例えば、その飽和レベルに応じたハブ、またはトランスポートに応じた道路は、この情報を通信して、使用される車輛に応じて処理、または到着時間データを更新することができる。実際、ロジスティクスネットワークは、予測、規制および制御の目的のために、ロジスティクスオペレーションのはるかに遅い速度と比較して、情報の高速性を利用することができなければならない。ネットワーク上の情報と伝送された情報が同じ速度で移動するデジタルインターネットでは、このような予測、規制および制御のアクティビティを実装することは非常に困難である。

したがって、交通と道路の広い意味でのスマートインフラが興味深い追加機能であるかどうかを知ることではなく、階層型相互接続のモデルに含めるべきかどうかが問題となる。本書に提示する解決策は、あくまで初期のアプローチであり、まだ検討されていない方法で補足される必要がある。

8 フィジカルインターネットルーティングセンター:ハブ

過去15年の間に、道路を利用した貨物輸送の量が増加してきた。それは、長期的には持続可能な貨物輸送を目指したいという願望と相容れない。その機能的柔軟性、特にスケジュール、輸送される商品のサイズおよび運送先に直接配送できることから、道路輸送が支配的になっている。現在の障害となっている積み降ろし/積み直し作業を大幅に削減することが可能な、マルチモーダル(複合輸送)なロジスティクスシステムの形で、効率的な代替案を提供しなければならない。

ハブ:フィジカルインターネットのパフォーマンスの中心となる構成要素

それぞれの交通手段は最適化されなければならないが、多様性つまり異なる交通手段を効率的に組み合わせて利用することこそが、資源の最適で持続可能な利用をもたらす。第1部で述べたように、フィジカルインターネットは、コンテナ貨物の統合を進めることによって、複合的な貨物輸送を可能な限り効率的にし、法外な追加コストやリードタイムを発生させることなく、ある輸送手段から別の輸送手段への切り替えを可能にするのに役立つ。

輸送コンテナの導入以来、一般貨物の海上輸送の発展は、特定分野で何が可能であったか、得られた結果と、結果として生じた変化の主要な例を提供する。積み降ろし/積み直し(港を通過する輸送)とリードタイムの秩序あるいは規模の経済的節約は、海上輸送だけでなく経

図19 ● 消費者向けパッケージ製品の状況で、フィジカルインターネットが求めるフローの加速を示す図。Y軸は経路の速度（ハブや保管場所にはない）であり、輸送手段によって異なる。

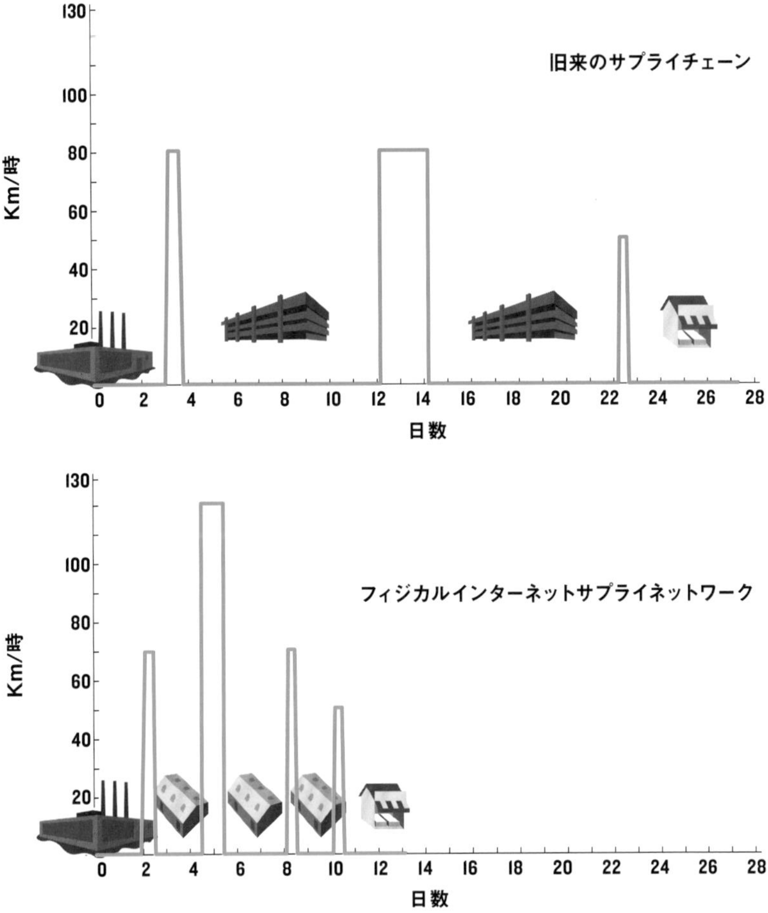

済全体に革命をもたらした。

フィジカルインターネットは、小型PIコンテナの輸送から利益を得る目的で、ハブ（フィジカルルーター）を経由して積み替えるため、より多くの積み降ろし/積み直し作業を課す。したがって、特にさまざまなサイズのPIコンテナ用に設計されたハブの効率化は、システム全体の性能にとって重要である。この有効性は、いくつかのレベルで決まってくる。特に、輸送手段を満載状態にさせ、リードタイムを遵守しながら、フローを最適なルートにグループ化するルーティングアルゴリズムで決定される。第3部では、これらのアルゴリズムの実装について説明する。

図19に示したように、ハブの目標は、需要に適したサイズの出荷をより直接的に顧客に向けて送ることであり、在庫を減らし、効率的に行っても、より多くの積み降ろし/積み直し作業が必要となる。

この有効性は、さまざまなサイズのPIコンテナをクロスドックするために特別にデザインされたスケールのハブの実際の作業によっても決まる。コンテナ輸送の場合、ツイストロックは、コンテナを床に固定する際や積み重ねる際のロック手段として定着しているが、現在では、中サイズのユニットや小サイズのコンテナのための広く普及した解決策はない。これらのメカニズムとその有効性は、異なる必要なハブにとって重要である。

異なるタイプのハブ

デジタルの世界では、SMEのインターネットルーターは、2つの大規模な独立したシステム間にあるルーターとほとんど共通点がなく、それぞれ、アクセスサプライヤーか、海底ケーブルのエントリーで作動している。同じように、受け入れられているPIコンテナの大きさ、輸送モード、さらには交通量のレベルに応じて、全く異なる技術的解

表4 ● 輸送手段やサイズカテゴリーに応じて必要なハブのタイプ。サービスネットワークのタイプは問わない。（L＝重い輸送手段と互換性のある断面積のPIコンテナ、M＝約1m^3のPIコンテナ、S＝小さなPIコンテナ/ボックス）

航空機/列車タイプのハブは、孤立した小さなPIコンテナ（サイズS）を処理することは想定されておらず、それに応じて設計される。トラック/軽自動車タイプのハブは、あらゆるサイズのPIコンテナを扱えるものでなくてはならない。

ハブタイプ	出荷	列車	はしけ	航空機	トラック	軽車輌	マニュアル*
出荷	L：✓ M： S：	L：✓ M： S：	L：✓ M： S：	0	L：✓ M：✓ S：	0	0
列車		L：✓ M： S：	L：✓ M： S：	L：✓ M：✓ S：	L：✓ M：✓ S：	L：✓ M：✓ S：	0
はしけ			L：✓ M： S：	0	L：✓ M：✓ S：	L：✓ M：✓ S：	0
航空機				L： M：✓ S：✓	L： M：✓ S：✓	L： M：✓ S：✓	L： M： S：✓
トラック					L：✓ M：✓ S：✓	L：✓ M：✓ S：✓	L：✓ M：✓ S：✓
軽車輌						L：✓ M：✓ S：✓	L： M：✓ S：✓
マニュアル*							L： M： S：✓

*マニュアル＝徒歩、自転車など。

決策を構想する必要がある。都市レベルでは、使われるPIコンテナのサイズはほとんどが小型だ。ただし、船舶用、鉄道用または運河を使用する場合は、大型区分のPIコンテナだけが使われる。輸送手段の間のインターフェースのためには、それらの輸送手段特有の特徴を相互に接続するために、特定のハブを必要とする。

表4を見ると、デザインに影響する交通の規模や、異なる可能性の

あるテクノロジーに関連する追加的な違いを考慮しなくても、ユニモーダル（訳者注：単一の輸送手段での輸送）およびバイモーダル（訳者注：2種類の輸送手段を使う輸送、複合輸送）のハブが22種類存在することがわかる。この表現に基づいて、3モード（訳者注：3種類の輸送手段）のハブなどを構築することが可能である。

ここでは、鉄道と道路の間の特定のタイプのハブに焦点を定め、最大のコンテナに限定し、後に示す一般性を損なわないようにする。

複合性への新しいアプローチである道路/鉄道ハブ

現在の大型コンテナを道路と鉄道の間で輸送するためにデザインされた、複合的なプラットフォームがある。しかし、その構造は、本質的には商品のフローではなく、線路の制約に従ってデザインされている。したがって、貨物は、長くて費用のかかる多数の牽引作業を必要とする行き止まりの待避線で取り扱われる。本書で提案する道路/鉄道ハブは、鉄道と道路間および列車間のクロスドック機能の両方をグループ化することで、リードタイムやリスクが発生しやすい仕分けセンターを経由する必要をなくした。ここでは、面積については触れない。

一般に、貨物輸送のためのスマートな自動化された道路/鉄道システムは、人の介入を減らし、積み降ろし/積み直し、エラー、移動などを抑える。デジタルインターネットが多くの日常的な情報検索プロセスの高速化を可能にしたように、フィジカルインターネットは、可能な限り多くの荷役作業を自動化し、輸送システム、仕分け・配送システムなどの相互運用性を改善することによって、貨物輸送の分野でも同じことをしようとしている。このパートでは、フィジカルインターネットの重要な構成要素である道路/鉄道ハブの例を紹介する。これは、デジタルインターネット用のTCP/IPルーターと同様に、フロールーターである。

ここでは列車とセミトレーラーのハブコンセプトを取り上げ、その1つのバージョンを図示し、その性能をさまざまな形状について評価する。

基本的な考え方は、積み降ろし/積み直しによって誘起される付加的なコストと複雑さにもかかわらず、システムの全体的な効率とサービスの可能性に関する結果としての利点が、この付加的なコストを上回るであろうということである。

9 道路/鉄道ハブのデザインの実例

道路/鉄道ハブの機能と構造

鉄道線路での仕分け作業の難しさの1つは、道路につながる出口を追加する手間は言うまでもなく、「大量の」フローが行き交うことである。この難問は、仕分け技術によって、さまざまな方法で克服できるが、すべてに共通するのは、線路上の車輛から荷物を降ろしたり、線路脇から車輛に積み込むという作業である。しかもこの分野で行われた研究は、鉄道車輛の仕分け作業の複雑さと、仕分けセンターを経由して運ぶ場合、利益を出すには、相当な量の荷物を取り扱う必要があることが、この技術を採用をするうえで大きな障害になることを示している。

これらの限界を克服するために、ここで提示する概念は、1本の線路を中心とする構成で、PIハブの作業を4つの機能ゾーンに分割する。このシナリオでは、列車は少なくとも1つの荷降ろし（この場合、荷とはコンテナを指す）移動およびその後の積載の順序で、または複数のリンクされた順序で処理され、それぞれが列車の一部を使用する。

図20に示すように、このハブは、道路から鉄道に積み替えて運ぶバイモーダルゾーンと、鉄道から道路輸送に切り替えるバイモーダルゾーン、さらに道路を挟んで、鉄道のみで運ぶユニモーダルゾーンから成り、このうちユニモーダルゾーンは、荷物を積むプレレール、荷物を降ろしたポストレールという２つのゾーンから成る。

図20 ● 道路/鉄道のPIハブの簡略化されたコンセプトモデル

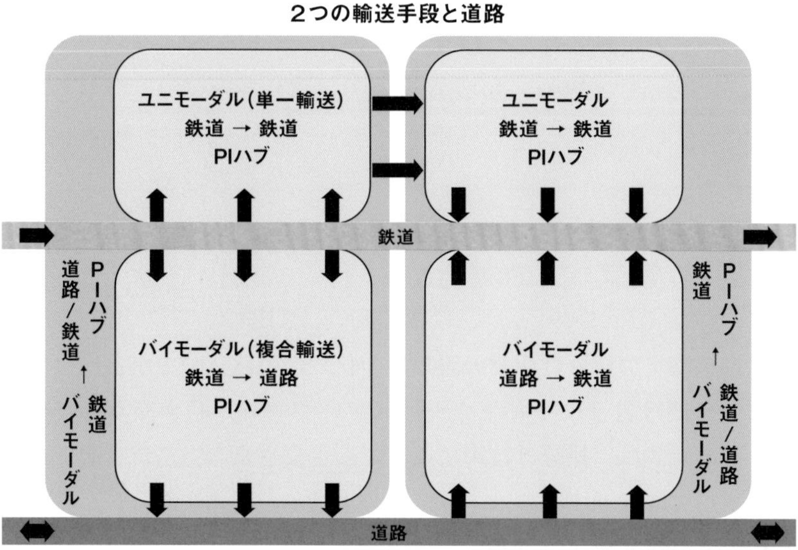

図20の上部2つのゾーンは鉄道内ゾーンで、下部2つのゾーンは道路と鉄道間のインターフェースである。ハブに到着するとまず、荷降ろしゾーンである左側のゾーンに到着する。そのうち上部が鉄道内の荷降ろし、下部が道路への荷降ろしである。ゾーンに沿って移動し、列車は積み込みゾーンに到着する。図の下部の道路から、あるいは上部の線路から積み込むゾーンである。

このハブの段階では計画されていないため、図には道路から道路への荷物のフローはないが、この一方通行のフローは簡単に追加できる。同時に処理されるゾーンの規模は、1つのコンテナの処理と列車内のすべてのコンテナを同時に処理することとの間で、扱う量の増加に応じて調整することができる。

この機能についての説明は、単一のスタッカーから自動積込み設備

図21 ● 道路/鉄道PIハブの巨視的図

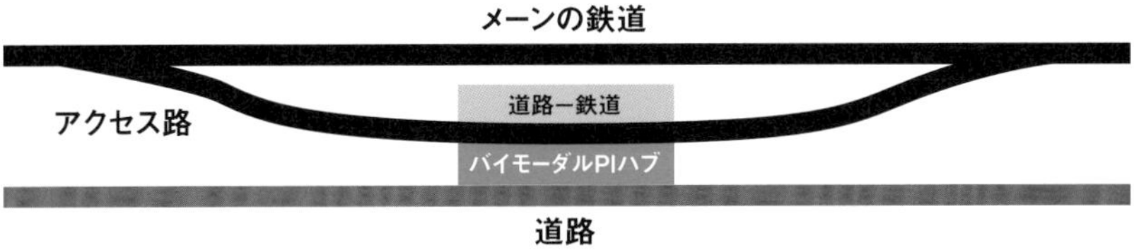

まで、異なる方法で実施することができる。

可能な道路/鉄道ハブのデザインの説明

前述した概念フレームワークでは、確立された技術と能力、および選択された運用戦略に応じて、多数の道路/鉄道PIハブ配置のバリエーションが可能となった。以下では、シンプルでありながら、現存するものをはるかに超える性能を提供する可能性があるデザインについて説明する。

■道路/鉄道PIハブの巨視的デザイン

デザインを明確に理解するためには、**図21**に示すように、まず巨視的な視点から見なければならない。ハブは、主要鉄道路線に並行に走る進入線路を基本に置いている。また、必要に応じて、PIハブに到着する列車と本線に向かう列車の留置線を設けることもできる。ハブに到着する列車は、決して分割されない。それらの車輛は常に連結され、列車を形成する。大型PIコンテナの搬出・搬入が完了すると、列車は進入線を出発して本線に合流する。

前述したように、道路/鉄道ハブ自体は2つのモジュールで構成されており、一方はPIコンテナを降ろして道路または鉄道に輸送すること

図22 ● 時間0分に25両の車輛が到着した際の道路/鉄道ハブの図

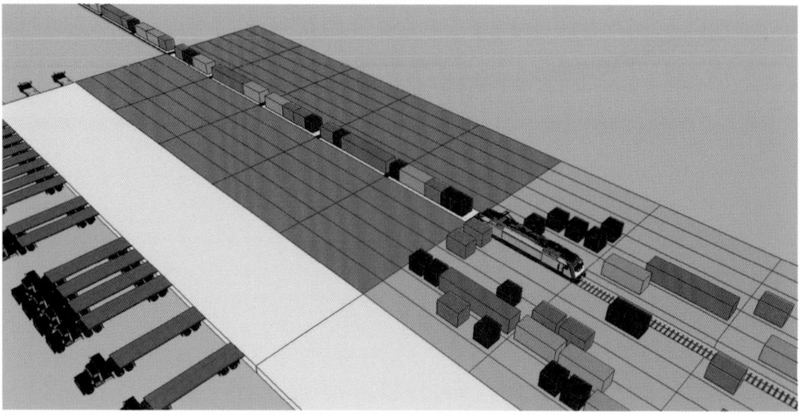

に特化し、他方は道路または鉄道からコンテナを積み込むことに特化している。**図22**に示すように、これら2つのモジュールは、荷降ろしと積み込みの両方で同時に5両の車輛を扱えるようにデザインされている。図22では、機関車が停止し、最初の5両の車輛が、「バイモーダル鉄道→道路PIハブ」と「ユニモーダル鉄道→鉄道PIハブ」の場所に停まっている。

5両の車輛を同時に取り扱うことができるゾーンに関する決定は、そのようなゾーンの構造化と同様に、最初の重要なデザイン決定である。

このデザインにおける重要な点は、すべてのコンテナを横から取り扱い、より具体的には、例えば、特別なコンベヤを使用して列車から移動させる手法を取っていることである。手法は、駅の構造などの条件によって決まる。実際、上からコンテナにアクセスしたい場合は、電気機関車を切り離してディーゼル機関車に交換し、切り離しによる安全操作を実行した後、新線牽引装置を設置する際に再び連結して操作を再実行する必要がある。これができない場合、ハブにつながる3本目の線路をつくって新しい機関車を走らせなくてはならない。

■道路/鉄道ハブ[注5]で取り扱うPIコンテナの寸法

道路/鉄道ハブのデザインにおけるもう1つの戦略的決定は、ハブが荷役を受け入れるPIコンテナと鉄道車輌の種類である。開発コンセプトでは、高さ2.4m、横幅2.4m、可能な長さが1.2m、2.4m、3.6m、4.8m、6mおよび12mのPIコンテナに限定した。このサイズのカテゴリーは、システムの全体的な性能をテストする際にも登場する。

車輌の正味寸法容量は、横幅2.4m、長さ18mに制限した。北米のように高さ2.4mのコンテナを積むこともない。これは、1つの鉄道車輌が少なくとも2つの断面2.4m×2.4mの大型PIコンテナと、最大で15の最短1.2mのPIコンテナを運ぶことを意味する。このことは、**図24**に示すように、コンテナを車輌に載せたり取り外したりする際に横幅や高さが邪魔にならないことを意味しており、これはシンプルさと生産性の重要な要素である。

■道路/鉄道ハブの系統的デザイン

ここでは、1本の列車を運転する場合を例に、ハブを通過するコンテナを降ろす場合と、ハブから出てくるコンテナをこの列車に積み込む場合について、系統的に説明する。

まず、列車到着時のハブの初期状態を図22に示す。最初から、セミトレーラーはハブから道路プラットフォームドック（図20参照）に駐車しており、そこに移送されるPIコンテナが積まれるのを待っている。また、その右側には、図20の概念的ロジックの「プレレールのゾーン」「道路→線路のゾーン」に停められたコンテナのセットが見られる。

縦方向と横方向の動きを必要とするサイドソーターのデザインは、このサイズのコンテナでは革新的であるが、独カールスルーエ大学のカイ・フルマンス（Kai Furmans）教授のチームによって開発されたように、より小さなスケールで存在する。これはスティーブン・H・マイヤー（Stephan H.Mayer）氏の2009年の論文で開発されたフレックスコンベア（Flexconveyor）[注6]システムである。このシステムの利点は、各モジュールの完全に分散化された同一のプログラミングにあり、再プログラミングの必要なしにさまざまな構成を組むことができる。グリッドフローシステムに関するケヴィン・グー（Kevin Gue）氏（Gue et Kim、2007）の論文を参考にして、これらのシステムで実行可能なタスクのデモを行うこともできる[注7]。

ハブの4つの構成要素は、すべて5×5のマトリックスで表され、マトリックス内の列の各位置は車輛の積載スペースに対応する。概念的には、特別なプラットフォームを介して、PIコンテナを車輛から隣のセルまで輸送し、次に仕分け機がそれらを適切な運送先まで移動させ、そこでそれらをプラットフォームによって扱い、トレーラーまたは車輛に運ぶ。技術的には、コンベヤからクレーン、車輛技術に至るまで、この荷役を行うための多くの解決策がある。これらの技術的選択は、現段階では探求されていない。

運用レベルでは、提案された道路/鉄道PIハブは、エリア内での各サイクルの固定された速度が観測される。この場合、1分、次に45秒という仮定によって固定される。この速度はすべての作業を制御し、各作業に同じ時間を割り当てる。

- ▶車輛やトレーラーからのコンテナを降ろす
- ▶ソーターの一方の端から他方の端へのコンテナの移動
- ▶プラットフォームの一方の端から他方の端へのコンテナの移動
- ▶1つのPIコンテナを鉄道車輛またはトレーラーに積み込む

この速さは、ハブでの原動力に左右される。例えば、図22に示され

注5）寸法は、正味の寸法の大きさの桁数である

注6）正方形のモジュールで構成された2方向コンベヤシステムで、それぞれに制御ユニットがある。
動画のサイト。http://www.youtube.com/watch?v=nkWHI3xSr0M

注7）動画のサイト。http://www.youtube.com/playlist?list=UUJEN6TuTWOsNKg3x9Ou-UTw

図23 ● 列車到着1分後の道路/鉄道ハブの状況

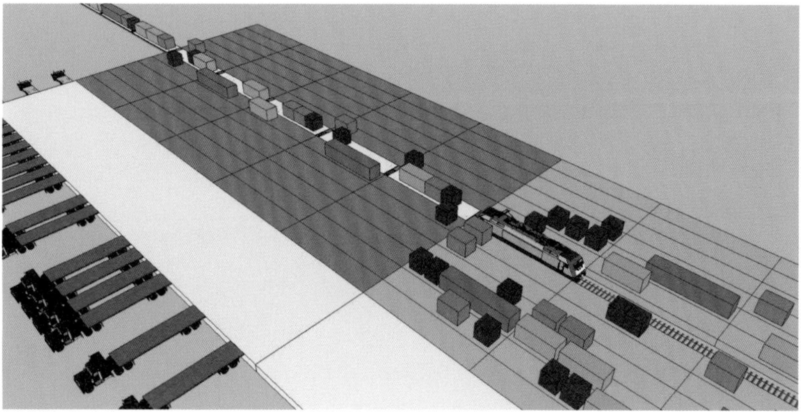

るような列車の到着が時間0に対応すると仮定すると、**図23**は、時間1分における状態を示す。左下には、入庫した車輛から5個のコンテナが降ろされ、「ハブ→道路」のソーターの隣接位置に配置されている。また左上の「ポストレール」のソーター内では、3台の車輛が同じ状況下にある。ここでの運用戦略は、図23に見られるよう、技術的な複雑さを避けるために、同時のコンテナ降ろしまたは同時積み込みを、鉄道車輛上で隣接していないコンテナに限定している。

この速さで1分後、時間1分に車輛から取り出したコンテナは、それぞれのソーターで運送先に到着している。同時に、対応する車輛からPIコンテナの第2波を回収した。**図24**は、時間2での結果の状況を示している。

ハブからロードソーターの最後にくると、次のサイクルでPIコンテナはハブからロードプラットフォームで処理され、トラックの後部に運ばれる。図24に示すように、ここでは、プラットフォームの左端に駐車しているトラックを除いて、コンテナをトラックに整列させるた

図24 ● 時間2分の道路/鉄道ハブの状況

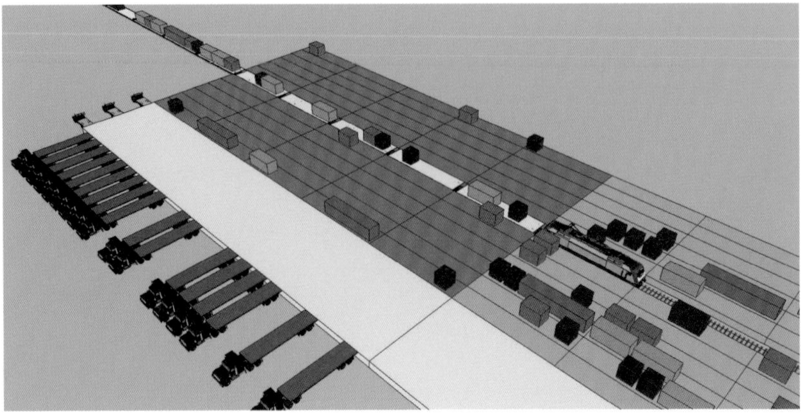

めにコンテナを90度回転させる。このデザインは、ドックに並行して駐車するトラックによって変えることができる。これらの作業が行われている間、車輌から取り出したばかりの第2波のコンテナは、それぞれのソーターの端にスライドされ、第3波のPIコンテナは、車輌から降ろされる。この一連のサイクルは、入ってくるすべての車輌がコンテナを空にして道路/鉄道ハブを通過するまで続く。

輸送中のすべてのPIコンテナが降ろされると、列車は5両の車輌を発進させ、新たな運転フェーズを開始する。**図25**では、数台のトラックやトレーラーが、割り当てられたコンテナを積載して、ハブを出発しており、他の2台も出発しようとしている。また、車輌に積み込まれるべき第1派のコンテナが、すでに各ソーターによってプラットフォームの端まで運ばれ、積み込みの準備が整う。この準備作業は、コンテナが発送元から列車に揺られハブに到着するまでの間、バックグラウンドタスクとして行われる。

列車が前進して1分後には、第1派の作業がすでに行われている。輸

図25 ● 時間5分の道路/鉄道ハブの状況
2番目の動作段階のきっかけとなる5両の車輌による列車の進行を示す

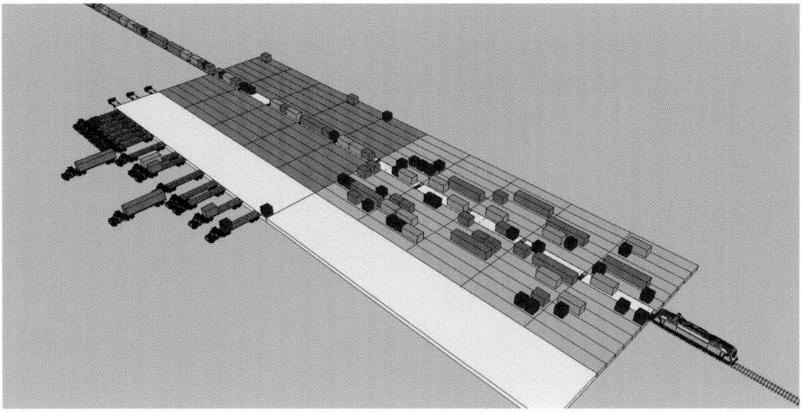

図26 ● 時間17分の道路/鉄道ハブの状況
これは、荷降ろしおよび積み込みの間に、次の入線列車の近くに移動されるコンテナがすでに道路によって到着し始めていることを示す

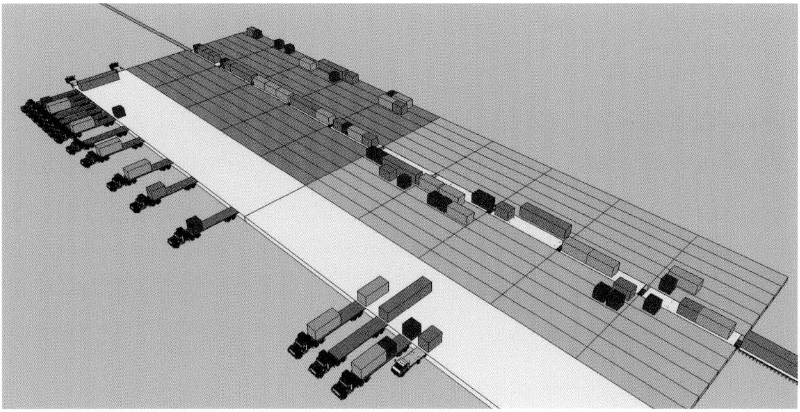

図27 ● 列車が発車する時間24分における道路/鉄道ハブの状態

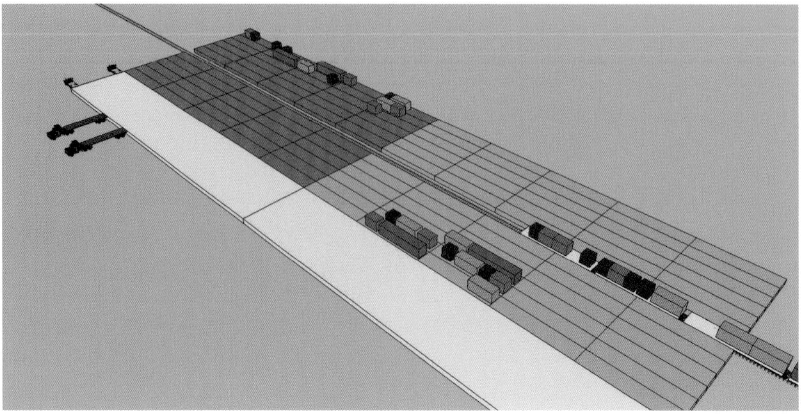

送中のPIコンテナが入庫して、各車輛からコンテナを降ろし、積み込みを行い、列車がハブを離れるというサイクルが続く。

ハブの動作は連続的で、1つの列車から次の列車へと移動する。ハブが次の列車のためのPIコンテナを、それらが到着するずっと前に、また現在の列車がハブを出発する前に処理し始めることができるので、列車に関連するサイクルは重複する。この現象を**図26**に示す。

これは、現在荷捌きをしている列車の処理作業が完了していないにもかかわらず、次の列車のコンテナ受け入れが始まる時刻17におけるハブの状態を示す。最後に、**図27**は列車が到着してからわずか24分後の最終出発時のハブの状態を示している。

簡単に言えば、コンセプトモデルに基づく道路/鉄道ハブの主要なデザイン構成要素は次の通りである。

▶本線に並行なトラック上のハブの位置

▶車輛の連結/切り離しを必要としない、列車の整合性の維持

▶PIコンテナの荷役範囲を限定する。この場合、横幅と高さがそれぞ

れ2.4m、長さが1.2m、2.4m、3.6m、4.8m、6m、12mの大型に分類されるコンテナ

▶この場合、ネットの寸法18mの車輛を扱い、長さ1.2mであれば、最大15個のPIコンテナを1車輛に同時に積載することができる

▶5両同時処理ゾーン化

▶5×5の位置のマトリックスに合わせてソーターを構成すること、4つのそれぞれで最大25個のPIコンテナの同時分類が可能。サイズに応じて、合計100から1,500個のPIコンテナを同時に分類できる

▶この場合はTを1分に固定して、荷降ろし、積み込み、移動サイクルが進むリズムを与えるペースTを厳密に使用する

▶車輛上で隣接しないコンテナを同時に降ろしたり、または積み込むことに制限すること

▶ハブ→道路および道路→ハブプラットフォームの配置とサイズ変更。必要に応じてPIコンテナを移動および回転できるようにする

▶ホームにあるトラックの駐車スペースの数と位置を決定。25か所に固定する

■作業モード

道路/鉄道ハブは、設定された時間（列車スロット）に作業する交通モードと、可変的な時間（トラック、バンなど）に作業する交通モードとを連結するという基本的な特性を有する。

したがって、このタイプのハブは、設定された時刻表モードのフローを、より柔軟なモードに結合する。列車時刻表は、リードタイムを短縮し、スペースの飽和を制限するために、トラックの到着を調整する[注8]。

さらに、道路/鉄道ハブの作業モードは、ネットワーク内の位置に応じて変化させることができる。

実際、都市に近い道路/鉄道ハブは、例えばル・アーブルやリヨンか

注8）ハブの作業を保護するため、すでに出荷港で行われているように、早く到着したトラックやコンテナを収容するゾーンや、遅れたトラックのコンテナを収容するゾーンを想定することができる。

らパリまでのように、このハブ専用の列車を受け入れることができる。これは、部分的な積み降ろしを伴う停車に比べはるかに大量の荷捌きを伴う終着点の役割を果たす。同じ役割が、南北の軸線AxeFretプロジェクトにもある（Sallini、2006）。

列車移動に関しては、列車スロットの割り当てによって検討され、短期的には完全に固定される。これが、すでに述べたように、経済的な性能を維持するために、また交通量のピークに対処するために、代替経路あるいは道路の寸断を考えなければならない理由である。

積み込みと積み降ろし、言い換えれば、列車のコンテナの位置の選択に関して、いくつかの戦略が考えられる。

▶同一宛先による固まり（同一ハブで荷を降ろす複数の車輛のセット）。この方法では、搬送先での積み降ろし時間は最小限に抑えられるが、コンテナの荷役や搭載能力の損失につながる制約が発生する

▶上記と同じ原理により同一発送元ごとのブロック

▶コンテナタイプ別のまとめ

など。

これらの選択は、ダイナミック・シミュレーションツールを使用して、ハブとネットワークの作業のより詳細な調査に基づいて行われる。

道路/鉄道ハブの性能に関する洞察

当然のことながら、ハブの性能は、ハブごとに異なる戦略だけでなく、取り扱うコンテナの組み合わせやサイズによっても変わってくる。そこで、今後、この種のハブに期待される性能に関する初期の洞察を以下に述べる。

ここでは、30両編成で長さ19.8mの3TEU（20フィートコンテナ換算）の等価容量の車輛を検討する。TEU当たりの正味容積2.4×2.4×6mおよびTEUあたりの貨物量20tは、消費者包装製品に基づく高い値であ

表5 ● 鉄道モードでハブを通過できる貨物量

1日あたりの列車数	鉄道車輌/日	全長	ネット長さ	正味m³	ネットT
1	30	624	540	3,110	1,800
5	150	3,000	2,700	77,760	9,000
10	300	5,970	5,400	311,040	18,000
20	600	11,910	10,800	622,080	36,000

表6 ● コンテナの長さに応じて、また、列車がコンテナを1本運ぶと仮定して、1日に鉄道モードでハブを通過できるコンテナの最大数

1日あたりの列車数	1.2m	2.4m	3.6m	4.8m	6m	12m
1	450	225	150	113	90	45
5	2,250	1,125	750	563	450	225
10	4,500	2,250	1,500	1,125	900	450
20	9,000	4,500	3,000	2,250	1,800	900

る。対象となっている列車は、フランスで一般的な列車よりサイズが小さく、例えば、ヨーロッパ・アジア間の輸送ルートを検討したものよりサイズが小さいままである(国連、2007)。

表5は、ハブを毎日通過する可能性のある想定流量が非常に高いことを示している。コンテナに分割し、コンテナの形式や1日の列車本数に応じて、1日に行う荷役の回数を見ると**表6**のようになる。

表6の結果は、存在するコンテナのタイプに応じて、1から10のフレーム内に積み降ろしと積み替えの数を入れることができるということである。したがって、構造と荷役設備はこれに適応しなければならない。

表7は、異なる列車構成に対して実施される装置の大きさに揃える

表7 ● スタッカー付きハブの性能

車輌数：30 車輌の全長：19.8m 作業の全長：18m 作業スペース：43.2 m^2 ネット容積：103.68m^3 有料荷重：60t						コンテナ・列車による物流 横幅2.4m高さ2.4m	
1日あたりの列車数	1日あたりの鉄道車輌	全長（m）	作業の全長（m）	ネット容積（m^3）	有料荷重（t）	コンテナの長さ（m）	
						1.2	2.4
1	30	624	540	3,110	1,800	17%	17%
5	150	3,000	2,700	77,760	9,000	17%	17%
10	300	5,970	5,400	311,040	18,000	17%	17%
20	600	11,910	10,800	1,244,160	36,000	17%	17%
1	30	624	540	3,110	1,800	17%	17%
5	150	3,000	2,700	77,760	9,000	17%	17%
10	300	5,970	5,400	311,040	18,000	17%	17%
20	600	11,910	10,800	1,244,160	36,000	17%	17%
1	30	624	540	3,110	1,800	100%	0%
5	150	3,000	2,700	77,760	9,000	100%	0%
10	300	5,970	5,400	311,040	18,000	100%	0%
20	600	11,910	10,800	1,244,160	36,000	100%	0%
1	30	624	540	3,110	1,800	0%	0%
5	150	3,000	2,700	77,760	9,000	0%	0%
10	300	5,970	5,400	311,040	18,000	0%	0%
20	600	11,910	10,800	1,244,160	36,000	0%	0%

					荷役 列車: 0:04:45 単位時間: 0:01:00 車輌数: 15 駅数: 6			
					荷降ろし/積み込み比率(%)	移動の数	荷降ろし時間	荷降ろしと積み込み時間
	3.6	4.8	6	12				
	17%	17%	17%	17%	30%	54	0:18:26	0:22:54
	17%	17%	17%	17%	30%	268	1:32:11	1:54:32
	17%	17%	17%	17%	30%	536	3:04:23	3:49:04
	17%	17%	17%	17%	30%	1,073	6:08:45	7:38:08
	17%	17%	17%	17%	100%	179	0:39:18	0:54:11
	17%	17%	17%	17%	100%	894	3:16:28	4:30:56
	17%	17%	17%	17%	100%	1,788	6:32:55	9:01:53
	17%	17%	17%	17%	100%	3,575	13:05:50	18:03:45
	0%	0%	0%	0%	100%	450	1:24:30	2:02:00
	0%	0%	0%	0%	100%	2,250	7:02:30	10:10:00
	0%	0%	0%	0%	100%	4,500	14:05:00	ND
	0%	0%	0%	0%	100%	9,000	ND	ND
	0%	0%	0%	100%	100%	45	0:17:00	0:20:45
	0%	0%	0%	100%	100%	225	1:25:00	1:43:45
	0%	0%	0%	100%	100%	450	2:50:00	3:27:30
	0%	0%	0%	100%	100%	900	5:40:00	6:55:00

表8 ● 自動化されたハブの性能

車輌数：30 車輌の全長：19.8m 作業の全長：18m 作業スペース：43.2 m^2 ネット容積：103.68m^3 有料荷重：60t						コンテナ・列車による物流 横幅2.4m高さ2.4m		
1日 あたりの 列車数	1日 あたりの 鉄道車輌	全長（m）	作業の 全長（m）	ネット容積 （m^3）	有料荷重 （t）	コンテナの長さ（m）		
						1.2	2.4	
1	30	624	540	3,110	1,800	17%	17%	
5	150	3,000	2,700	77,760	9,000	17%	17%	
10	300	5,970	5,400	311,040	18,000	17%	17%	
20	600	11,910	10,800	1,244,160	36,000	17%	17%	
1	30	624	540	3,110	1,800	17%	17%	
5	150	3,000	2,700	77,760	9,000	17%	17%	
10	300	5,970	5,400	311,040	18,000	17%	17%	
20	600	11,910	10,800	1,244,160	36,000	17%	17%	
1	30	624	540	3,110	1,800	100%	0%	
5	150	3,000	2,700	77,760	9,000	100%	0%	
10	300	5,970	5,400	311,040	18,000	100%	0%	
20	600	11,910	10,800	1,244,160	36,000	100%	0%	
1	30	624	540	3,110	1,800	0%	0%	
5	150	3,000	2,700	77,760	9,000	0%	0%	
10	300	5,970	5,400	311,040	18,000	0%	0%	
20	600	11,910	10,800	1,244,160	36,000	0%	0%	

					荷役 列車: 0:02:15 単位時間: 0:00:45 車輌数: 5 駅数: 150			
					荷降ろし/積み込み比率(%)	移動の数	荷降ろし時間	荷降ろしと積み込み時間
	3.6	4.8	6	12				
	17%	17%	17%	17%	30%	54	0:18:00	0:18:45
	17%	17%	17%	17%	30%	268	1:30:00	1:33:45
	17%	17%	17%	17%	30%	536	3:00:00	3:07:30
	17%	17%	17%	17%	30%	1,073	6:00:00	6:15:00
	17%	17%	17%	17%	100%	179	0:18:00	0:18:45
	17%	17%	17%	17%	100%	894	1:30:00	1:33:45
	17%	17%	17%	17%	100%	1,788	3:00:00	3:07:30
	17%	17%	17%	17%	100%	3,575	6:00:00	6:15:00
	0%	0%	0%	0%	100%	450	0:18:00	0:18:45
	0%	0%	0%	0%	100%	2,250	1:30:00	1:33:45
	0%	0%	0%	0%	100%	4,500	3:00:00	3:07:30
	0%	0%	0%	0%	100%	9,000	6:00:00	6:15:00
	0%	0%	0%	100%	100%	45	0:18:00	0:18:45
	0%	0%	0%	100%	100%	225	1:30:00	1:33:45
	0%	0%	0%	100%	100%	450	3:00:00	3:07:30
	0%	0%	0%	100%	100%	900	6:00:00	6:15:00

ために、移動の回数およびそれらを実行するのに必要な時間を示す。ここでの前提条件は次の通りである。

▶同時荷役車輛数:1 ～15両

▶並列運転可能駅数　この数は、積載のために両側で同時に処理される駅の数（2 ～150）で表される。この数値に2を掛けて、ハブの測点の合計数を求める

▶鉄道/ハブプラットフォームの各駅で1つのコンテナを取り扱うのに必要な時間、すなわち1分（スタッカーが達成できるという時間に関する控え目な仮定）または45秒（自動搬送を行う設備をもとにした仮説）

▶PIハブ1ステップでの列車の位置変更に要する時間・1分15秒～4分45秒（ハブの大きさに応じた20m ～300mの間で、X車輛の移動と現在の運行が完了していることの確認）の間でカウントされる

▶ソーターおよびハブ/道路プラットフォームの上流での作業が、いかなる妨害も引き起こさないこと

▶　前述の作業原理によれば、まず第1のX車輛（図23 ～27のX＝5）の両側から降ろすと、列車は前進し、次のステップでは同時積み込みと、荷降ろしをする。最後のステップは、最後のX車輛に積み込む。

表7と**表8**は、2つのシナリオを示している

▶最初のシナリオでは、15までに車輛を移動し、6駅は積み降ろしに使用され、その後6駅が積み込みに使用される

▶第2のシナリオでは、150の駅を並列に配置し、より自動化された施設が5車輛までを積み降ろしに利用し、5車輛までを積み込む鉄道車輛に利用する

一元化された積み降ろしを想定した計算では、列車内のコンテナの混合とハブで取り扱うコンテナの数に対するこの解決策の感度が示されている。したがって、さまざまなサイズのコンテナが均一に広がり、クロスドックがわずか30%であると仮定すると、列車は22分54秒間ハ

図28 ● スタッカーによって稼動するハブにおける性能変動（列車の停止時間で表現）

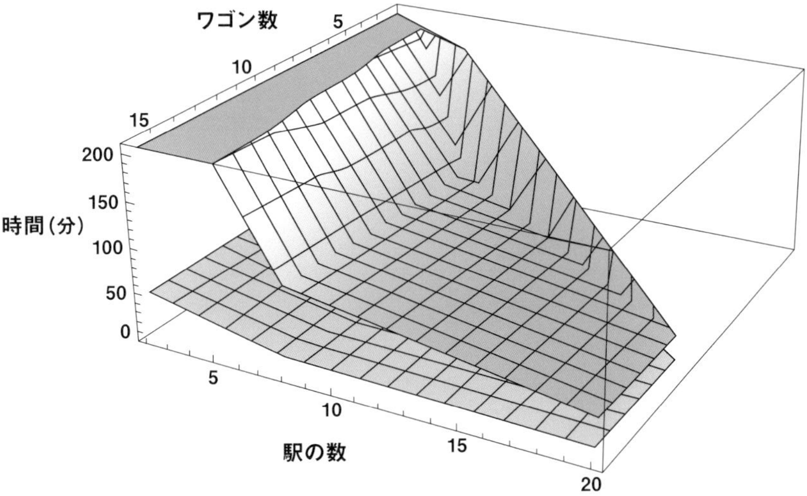

ブに停止する。列車荷重の100％がハブにクロスドックされる場合、荷役時間は20分45秒から2時間2分の間で変化する。そのため、車輛のコンテナ構成によって、収容力は10～20輛の間で推移するだろう。したがって、この解決策に特に敏感な2つの重要な領域、すなわちコンテナの大きさと部分的な積み降ろしに注目しなければならない。

しかし、自動化ソリューションを装備した同じハブは、コンテナ混合またはコンテナ取り扱い数に関係なく、一定の列車荷役時間を維持できる。もちろん、この投資が承認されるのかはまた別の問題である。

提案したPIハブのコンセプトに基づいて、多数の構成を考察することができる。

達成可能な性能の範囲を調査するために、モデルに基づいて**図28**と**図29**に荷役時間表を作図した。これらの表は、積み降ろしされたコンテナの割合とコンテナサイズのミックスに従って、性能（ハブでの列

図29 ● インターフェースで自動コンベヤによって稼動するハブにおける性能の変動（列車の停止時間で表現）

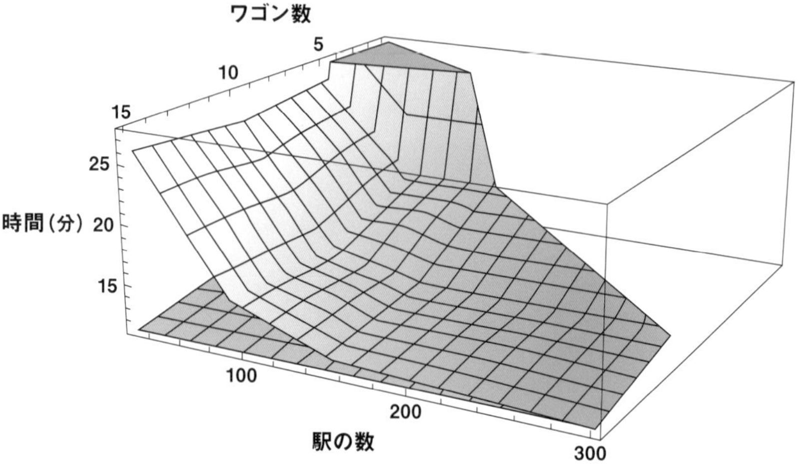

車停止時間で表される）の概略を表す。

図28に駅でスタッカーが作業する性能を示す。この作業は予測可能であるが、（コンテナサイズの）組み合わせに応じて時間にかなりの変動がある。図28は、事実上2つの面を示している。上面には、機能している駅数と同時に取り扱われるワゴン数に応じた最長荷役時間（100%小コンテナ）が表示される。下面では、最短荷役時間が表示される（100%大コンテナ）。

しかし、図25から図31に示すように、より多くの駅が自動化された解決策に切り替えると、図29に示すように、転送時間が混合率と積み降ろし率にあまり影響されない範囲（5～10両、150～250駅）の作業になる。

最終的に、提案されたハブは、広範囲でほとんど変化しない、20分未満の転送時間を獲得する。これは、現在の仕分け施設と比較して、はるかに少ない表面積にわたって、非常に多くの列車が一日に取り扱われることを可能にする。

性能の観点から、このようなハブの自動化されたバージョンは、AxeFret(Sallini、2006)によって計画されたフローのかなりの割合、すなわち7,000TEU/日と互換性があるように見える。しかし、フィジカルインターネットのトポロジー(訳者注:位相幾何学)は、フローのメッシュ化の促進を目的としており、それらの極端な集中ではないことに注意しなければならない。(つまり、これが渋滞を引き起こしてスケールの限界利益を相殺している)。

このようなハブとその変形の性能を、現実に近い条件、すなわち危険性のある条件で真に判定するためには、ダイナミックなフローシミュレーションを用いるべきである。これにより、特に計画と異なる順序で列車が到着するシナリオといった特定の危険性を考慮して、より正確な評価をすることが可能になる。

道路/鉄道ハブの拡張の可能性

もしこのハブが自動化された構成で確立されるなら、それはマルチモーダルの分野において大きな革新となるだろう。ヨーロッパでは、現在は中止されているコミューター・プロジェクトが、この種の事業をターゲットにしていたが、状況や技術は比較的異なっていた。フィジカルインターネットの文脈において、私たちはその概念に対する2つの延長を考察することができる。

■構成

デザイン通り提案されたハブは、大型コンテナのみを扱う。しかしながら、上流(さまざまな製品の集合)と下流(流通)の両方で、より小さなサイズのPIコンテナを、より大きなサイズに編成されたPIコンテナに再構成する必要があるかもしれない。この活動のために作られたスペースは、道路/鉄道ハブを補完し、追加のハブを通過せずに、これらの小規模な輸送を取り扱う。

■保管

さらに、2つの輸送手段の間の荷物量に加えて、異なるコンテナサイズに対応するための保管スペースを備えておくことも有効だろう。この空間は独立させるべきかもしれない。ハブの中の限られた貨物量のためだけに、コンベヤや仕分け機を稼働させるのは、かなり高くついてしまうことが容易に想像されるからだ。さらに、コンテナが急ぐものでない場合、または発送者が、出荷先が決まるまでPIコンテナを事前に置いておきたい場合、輸送手段を保留させることができるように、保管庫を提案することができる。

10 結論

このパートでは、フィジカルインターネットのある種の構成要素の概要を示し、PIコンテナに必要な特性、それらのサイズカテゴリー、相互接続されたPIネットワークを運用するのに必要なプロトコルを規定した。次に、例として、特定のルーティングセンター、道路/鉄道ハブのシナリオを検討した。このアプローチは、情報システムのようないくつかの重要な点がある中で、まだ断片的なものである。ここでは、業務プロセスや経済モデルについては議論しない。ただし、これらの初期段階の構成要素はランダムに選択されたものではない。これらの構成要素を組み合わせることで、ネットワークの運用をシミュレートできる。この段階では、構成要素の運用の検討のため、全体の性能を理解することは難しい。第3部では、提案したシステムのダイナミックさと、その性能を理解するために用意したシミュレーションモデルを通してこの問いに取り組んでいく。

第3部
Part 3

フィジカルインターネット、その性能は?

11 フィジカルインターネットの可能性を探る

第3部では、特に段階的導入という枠組みの中で、フィジカルインターネットのパフォーマンスを見ていく。それにより、その可能性を検証し、ステップごとの実装の可能性を評価するとともに、特定の障害について調べていく。言うまでもなく、明らかに業務に革命をもたらすこのようなシステムは、現在の実態よりも確実に高い成果が期待できる場合にのみ開発される。ここでは、フィジカルインターネットを利用することにより初期の段階でどのような成果の可能性があるか、ありのままを評価することを目的としたシミュレーションに焦点を定める。実際のところ、私たちはその究極の可能性を予測することを目的としない、それはもっと野心的なものになるからだ。

この相互につながるロジスティクスシステムを評価するために、実験プラットフォームにデータを供給する必要がある。実験プラットフォーム自体は2つのモジュールで構成される。1つ目のモジュールは、ハブとサービスのネットワークをデザインするためのツールで、シミュレートするフィジカルインターネットの一部を形成する。2つ目のモジュールは、その運用をシミュレートする。

実験のための詳細が提供された後、得られた実験結果が示され、分析される。

評価の目的

まだ存在しないシステムの性能を予測することは、常に困難である。

しかし、このようにフィジカルインターネットの性能を評価することは、課題を明らかにし、フィジカルインターネットを実装するために必要な作業を遂行していくために必要である。したがって、このアプローチは、シミュレーションおよび最適化ツールを含む実験プラットフォームに基づいたものとなる。

このアプローチは巨視的であり、必然的に曖昧さを含む解析モデルの中に依拠している。バローらによる発表(2011年)や、試験的な物流のデモンストレーターを導入する前に行われたフィージビリティ調査も同様だ。それは、顧客の注文、関連する製品フローおよびこれらのフローを発生させるために必要な輸送手段の使用を正確にモデル化していた。今回は、輸送がどのように影響を受けるかに重点が置かれ、また、それに準ずる程度ではあるが、在庫管理についても見ている。これについては、分散保管に関する他の研究で論じられている。

このモデル化は、2つの目的に合致しなければならなかった。

第1の目的は、評価を可能な限り現実に近い活動とフローに落とし込み、測定された結果を信頼できるものにすることだった。

第2の目的は、より将来を見据えたものだった。こちらは開発した評価ツールがテストプラットフォームとしても機能するように進めていく事例だった。関連するシナリオに加えて、今後のテストで容易に使用できる十分に汎用的なモデルを確立できるかが問われていた。例えば、異なるサイズのコンテナのセット、移動リードタイムの変化などに対応する必要があった。

したがって、この評価の原則は、コンテナ、ネットワーク、プロトコルに関連する設計上の疑問に対して最終的な回答を提供することではなく、理にかなった一貫性のある全体から始めて、その性能を測定し、修正や改善に対してオープンであり続けることである。

そこで、この目的のために、実験プラットフォームを形成するため、一連のツールが開発、統合されている。

実験方法とプラットフォーム

私たちは、小売業者から製造業者への注文の混載に関する以前の研究（Pan ら、2011）で使用された実際の小売流通フローのデータベースを利用することを選択した。このデータベースを提供してくれたのは仏スーパーマーケットのカルフールとカジノで、Club Déméterの枠組みの中で準備された。このデータの特性については、135ページで述べるが、大規模な取り扱いフローが提供され、問題を明確にすることができた。これらの企業、特にロジスティクスディレクターの方々には、時間を割いて、この将来を見すえたプロジェクトにオープンに協力していただいたことを、心から感謝する。

さらに、IGNの地理的データベースを用いて、フランス国内の道路または鉄道でさまざまな場所をつなぐインフラを記述した。道路と鉄道のインフラは、Route120®の地理データベースから取得している。しかし、道路とは異なり、現在の鉄道網の状況では、すべての貨物デポで一定のサービスにアクセス可能であるとは考えにくい。マルチモーダル（複合輸送）フローについてはなおさらである。そこで、私たちは、鉄道網について、マルチモーダル駅といくつかの主要な合流点で停車すると仮定した。このような施設の数は約20に制限されているため、鉄道を使用するシナリオではすべてを使用することにした。これらのインフラデータベースを使用することで、一般道路、高速道路、鉄道などのインフラに応じた移動時間と同様に、2つの地点（起点/運送先）を結ぶ距離が正確に把握できる。今回の枠組みの中では行われていないものの、これは内陸および海上の水路に拡大することができる。

これらのフローのデータベースとインフラデータベースの両方が、フィジカルインターネットネットワークの初期最適化モジュールを提供する。実際には、このネットワークは存在しないため、次のように

図30 ● データベースの構造および実験プラットフォームを形成する計算ステップの筋道

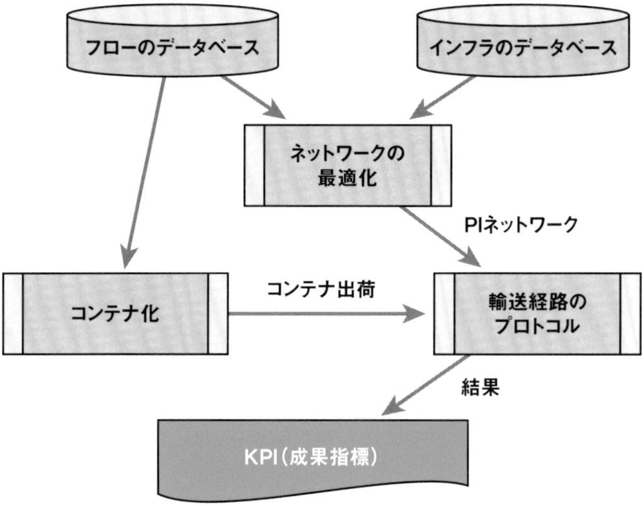

デザインする必要があった。

小売業者サイトからの要求、つまり注文が統合され、出荷が決まる。するとフィジカルインターネットのシナリオでは、配送の前に荷物がコンテナ化される、そして現在のロジスティクスサービスのネットワークまたはフィジカルインターネットのどちらを使うかは、事前に決められる。

したがって、コンテナ化されているかどうかにかかわらず、製品配送のシミュレーションは、トラックが出発する時間、内容物、ハブに到着するコンテナなど、多数の結果を発生させる。こうした項目は、シミュレーションの追跡に対応する形で結果データベースに集積され、そこからすべてのタイプについて、目標となる成果指標が計算される。

図30は、2011年から2012年まで、18カ月にわたって開発されたプラットフォームの全体的な構造を示している。

プラットフォームのために採用された方法は、運用研究に基づくものであり、最適化とマルチエージェント離散事象シミュレーションという名の2つのアプローチを組み合わせたものである。これらの方法を次ページに簡単に示す。

12 食品・日用雑貨流通のシナリオ

ここでは、小売流通における食品サプライチェーンを使ってデモンストレーションをする。それを選んだメリットは、多くの製造と保管拠点を通じて、国内にしっかりと根ざし、小売店にサービスを提供している点にある。

何より、これらのサプライチェーンには、大企業、中規模企業、さらには非常に小規模な企業も含まれている。ただし、私たちのデータベースには小規模な企業は含まれていない。加えて、工業製品、自動車、化学品などのサプライチェーンは比較的特異なものであり、ジャストインタイム、組立ライン脇への搬送、規則的なフローなど独自に発展を遂げていることは明らかである。

先に述べたように、フランス国内のリーダーであるカルフールとカジノの2つのスーパーマーケットと、この2社へのメーンの共同サプライヤーからの主要100品目、すなわち食料雑貨、液体、家庭用品、パーソナルケア製品のうち、量の多いものでフローデータベースを構築した。したがって、データベースには、コカ・コーラ、ダノン、クラフトフーズ、ネスレ、プロクター・アンド・ギャンブル、ペプシコ、ユニリーバなどの食品・日用雑貨品業界の大手のクッキー、水、ソーダ、洗剤、クリスプ、缶詰食品、茶などの製品が含まれる。これらのサプライチェーンには、生鮮食品および冷凍食品など、取り扱いが異なる商品は含まれない。同様に家庭用品、レジャー用品、家電製品、衣類なども含まれない。これらも、取り扱いは別になる。

データベースの構築はClub Déméter for Sustainable Logisticsの

枠組みで行われ、1年近くを要した。次の節では、サプライチェーンの性質、サイトの場所およびフローを特定する。

考慮されたフロー：フランスの貨物輸送の1%

サプライチェーンは、ステークホルダーとニーズに応じてさまざまな構成を持つ。したがって、それらの範囲を指定する必要がある。

サプライチェーンには主に4つのタイプがあり、**図31**に直線的に示すように、販売促進のために包装委託業者（共同包装）を経由するなど変わり種もある。

シナリオ（a）は、現在、この部門のすべてのステークホルダーにとって、最もよく見られる形である。

すなわち、まず工場から製造業者に属する倉庫に納品する。そこにはさまざまな製品が保管され、小売業者の（地域ごと、または中央の）センターからの注文に応じて出荷され、そこが各店に供給する責任を負う。このシナリオは、データベースのステークホルダーの大多数に関係し、最大でフローの約40%に相当する。

シナリオ（b）は、最大規模の量を取引するステークホルダーが使う方法で、各顧客の物流センターにフルトラックで定期的に配送することによって処理を進める。したがって、製造業者の倉庫を経由した輸送とそれに関連する費用は除外される。最大手の製造業者にフォーカスした我々のデータベースでは、このシナリオは出荷されたフローの60%に相当する。このシステムは特に飲料分野に利用できる。

シナリオ（c）は、さらに取引量が多いケースで、製造業者は店舗に直接配送する。この非常に特異なシナリオは、ここでは考えないことにする。

対照的に、シナリオ（d）は、より小規模なステークホルダーのために、追加的な統合作業を通じて輸送手段の積み荷を最適化しようとす

図31 ● 対象となるフローの範囲

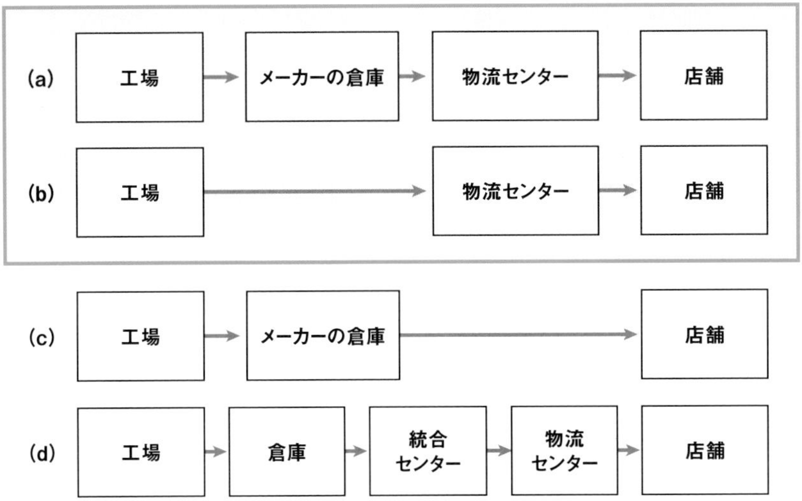

る。この限界のあるシナリオもここでは考慮されない。

次ページの表9は、本研究で採用したシナリオ（a）、（b）で考慮したフローの数とその主な特徴を示している。考慮されるフローは、連続する12週間の期間、すなわちほぼ1四半期に相当する。

シナリオ（a）と（b）の違いを、特に、倉庫経由の輸送の集中効果、フローの減少および工場と倉庫間の積載率への影響の点で観察した。（工場から事業用倉庫までの）川上のフローに関しては、商品がここを通過する際は、専門職による慣習として、トラックを満載にすること（荷重・重量制限法）を基本に再編成されている。ただし、川上のフローでトラックを満載にすることを想定するのは、保守的な設定であり、フィジカルインターネットのシナリオには、好ましくない。

加えて、倉庫経由の輸送は実際には迂回となるが、それはトン数の約3分の1にしか関係していないことに留意しておきたい。

表9 ● 検討したフローの特性

12週間のフロー	シナリオ（a）		シナリオ（b）
	工場→倉庫	倉庫→物流センター	工場→物流センター
フローの数	251	1,461	2,738
受注	22,730	37,604	56,710
平均出荷サイズ（同等のパレット）	32.3	19.2	19.7
平均距離（キロメートル）	444	441	511
総重量（トン）	443,540	435,149	999,323
総走行距離（トンキロ）	165,930,963	163,419,052	474,459,658

全体では、250万個以上に相当するフルパレットが検討の対象となる。週平均21万4000個相当のフルパレットだ。これらのボリュームは非常に大きいように見えるかもしれない。しかし、これは平均すると1日あたりのフローで6.8パレットとなり、フランスの貨物輸送量の約1%にあたる。したがって、大規模なフローデータベースではあるが、同時に、商品流通に占める割合としては、ほんの一部である。したがって、すべての貨物輸送を考慮に入れるならば、これまで強調されてきた以上に大規模な効果がある。

我々の提案に関わる場所をイラスト化する。**図32**は、「国家」レベルで考慮したすべての事業所を示している。すなわち工場、倉庫（製造業）、物流センター（スーパーマーケット）などだ。大多数が国内領域に所在していることに留意しておきたい。

私たちのデータベースには、データベース内のすべての仕入先および店舗が使用する次の施設がカテゴリー別に含まれている。

店舗への物流フローについては、イル・ド・フランスとローヌ＝アルプ地方の2つの地域を調査した。私たちはもちろん、倉庫や物流センタ

図32 ● モデルの構成要素の位置（店舗を除く）

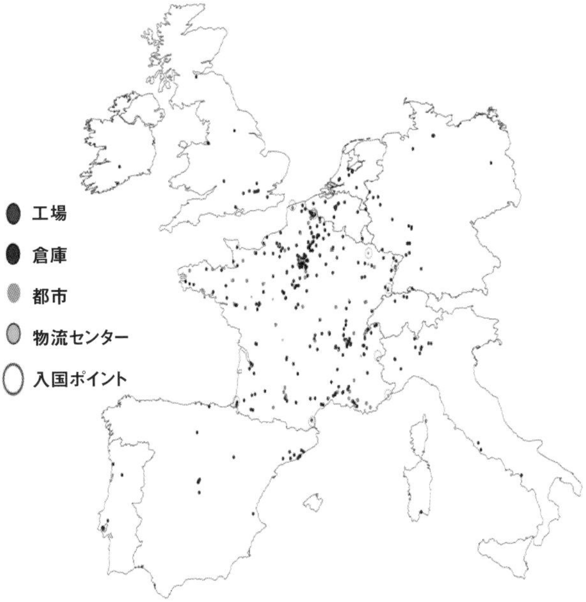

表10 ● 考慮される施設

施設の種類	工場	倉庫	物流センター
数	303	57	58

表11 ● 検討したローカルフローの特性

施設	イル・ド・フランスの店舗への物流センター	ローヌ＝アルプ地方の店舗への物流センター
フローの数	832	2,449
受注	11,459	22,447
フルパレット換算平均サイズ	10.68	10.59
平均距離（キロメートル）	130	184
総重量（トン）	96,601	185,102
総走行距離（トンキロ）	10,414,300	40,253,655

図33 ● 両地域における店舗と物流センターの位置

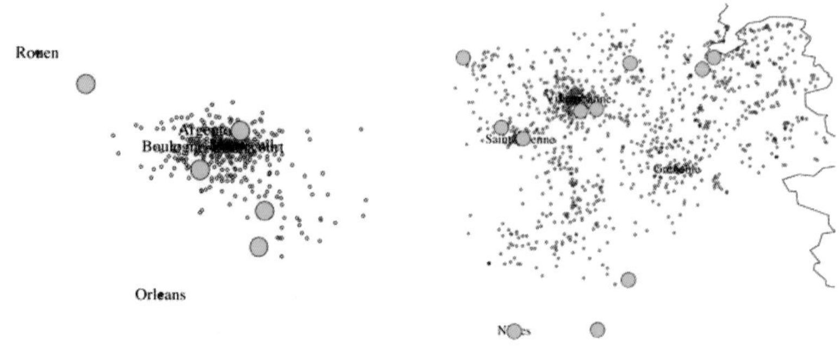

イル・ド・フランス　　ローヌ=アルプ地方

表12 ● 検討された販売地点

場所	店舗
イル・ド・フランス	443
ローヌ=アルプ地方	1,216

ーと比較して、販売地点の密度や1地点当たりの量が著しく低いことに留意する。

図33は、これらの場所に関する提案を説明するために、両地域のすべての販売拠点を同じ尺度で示している。私たちは、2つの間の大きな違いに注目する。つまり、一方はパリ周辺に集中しているのに対し、もう一方はより分散している。

これらのローカルデータでは、上流よりも短い距離で、より細かい量の多くの断片化された容積が示されている。最後に、これらのフローは上流フローの6%を表している。

図34は、いくつかのロジスティクスサービスを示している。それぞ

図34 ● モデル内の施設間のロジスティクスサービスの例（店舗を除く）

図35 ● フランスへの入国から見直したロジスティクスサービス

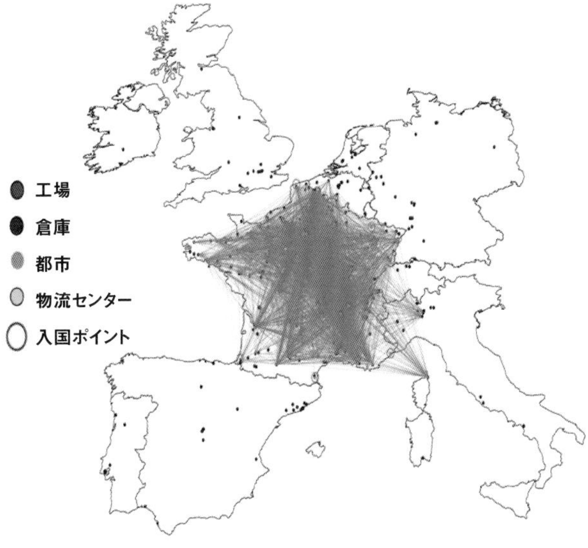

れが起点と到達点を結ぶ直線で表される。この図は、部分的ではあるが、どの程度の数のフローが類似しているか、またそれぞれが個別に管理されていない場合にはグループ化することも可能であることを明確に示している。

図35で、この研究における数千のフローをよりグローバルに見ると、国内の1%以下のフローに集約できる可能性がある。すべての輸入フローは、主要な国境ポストである入国ポイントでカウントされる。

目指したのは、迂回とリードタイムを抑えつつフローの集約を図りながら、この一連のロジスティクスサービスの相互接続を基盤としたネットワークに関して、輪郭を明らかにしていくことだ。

13 相互に接続したハブサービスネットワークの検討

ここで検討するネットワークは、一連の調達の接続地点（工場・倉庫・物流センター）と目的地（倉庫・物流センター・店舗）とをハブを介して接続する。ハブはすべて道路と鉄道の接続地点上に位置する。ハブは、積み替えセンターでもあり、輸送手段の出発点でもある。毎日、運送業者はハブを出て、荷受け先からコンテナを収集するか、輸送先にコンテナを運ぶか、別のハブを経由してクロスドックにコンテナを運ぶ。3つのケースいずれの場合も、車輛は元のハブに戻るので、ハブ同士の距離は、1日で行き来ができる程度に限られる。したがって、道路と鉄道のインフラネットワークを使用して、次ページの**図36**（店舗を除く）のポイントとリンクさせながらハブを配置していけるかが問われる。

フィジカルインターネットのハブネットワークの開発を“模造する”

フィジカルインターネットの作業をシミュレートするには、まずはネットワークを知らなくてはならない。このネットワークは、輸送リンクで接続された一連のハブで構成される。最終的には、荷物が発生するすべてのポイントを、このネットワークを介して、すべての消費地点に接続しなければならない。

多くのステークホルダーが関わるロジスティクスネットワークのフローの計画の結果として、よく知られた道路の走行をとらえることが

図36 ● 工場と倉庫の位置を赤で、物流センターを青で示し、道路と鉄道のインフラで結ぶ

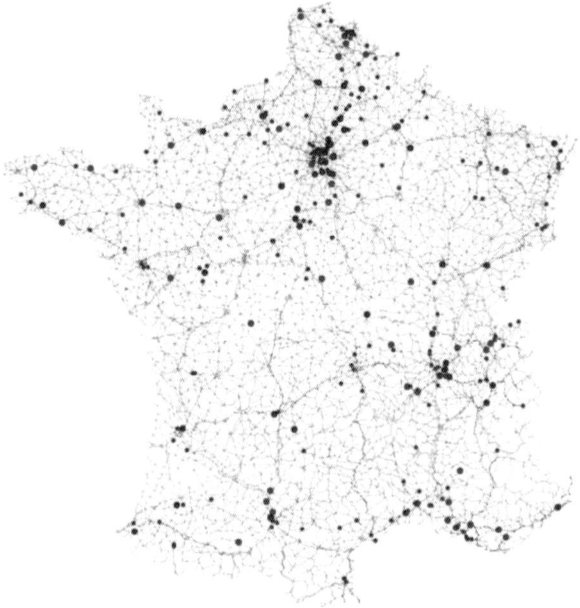

できる。さらに、私たちは、基本的に輸入の割合が少ない食品（生鮮食品を除く）を取り扱っているため、国際的なフローはほとんどないことを記しておく。**図37**のように、主要な道路にフローが集中するが、同じトラックを使用していない場合は、このアプローチにとってポジティブな要因となる。

一連のフローを処理するために、フィジカルインターネットのネットワークをすべて作り出そうとするのは、全く矛盾したアプローチである。というのも、こうした展開は、ゆっくりと段階を踏んでいくものと考えられるからだ。しかし、このネットワークは実在しないものなので、状況に適した最適化プロセスに頼らざるを得なかった（Ballot

図37 ● フローから生じる道路交通の描写。線の幅は道路交通の程度を表す

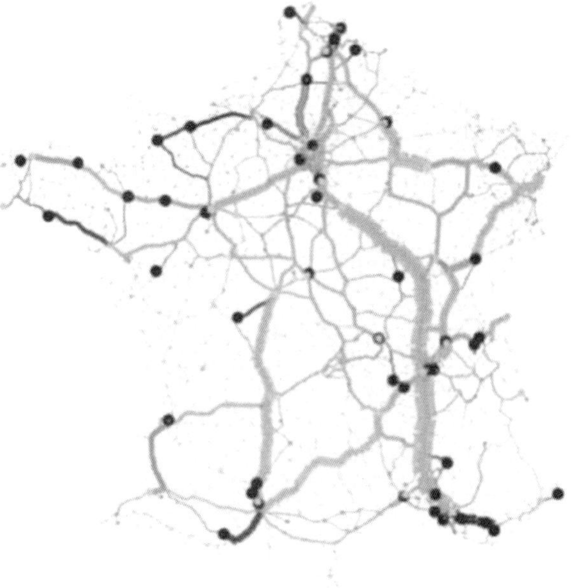

ら、2012）を参照。

ネットワークについて決めていく手順は、発見的手法に基づいている。私たちの知る限り、この種の大規模問題を解くための正確な方法などないからだ。発見的手法、語源的にいうと“発明する技法”には優れた点もある。それは、段階的な開発プロセスを模造する方法で、つまり、最も適切と思われるところにハブを追加し、それらの位置を調整するか、逆に、非効率であることが証明されるところからそれらを取り除く。現実のプロセスでは、はるかに長い時間がかかる。

しかし、このアプローチには偏りが生じる。実際、このアルゴリズムでは、フローが固定され、ネットワークがそれに適応しているかの

図38 ● 最適なネットワークを図式化。輸送コストがトンキロに比例する場合（左側）、積載または距離に関連する規模の効果が有利に働く場合（右側）

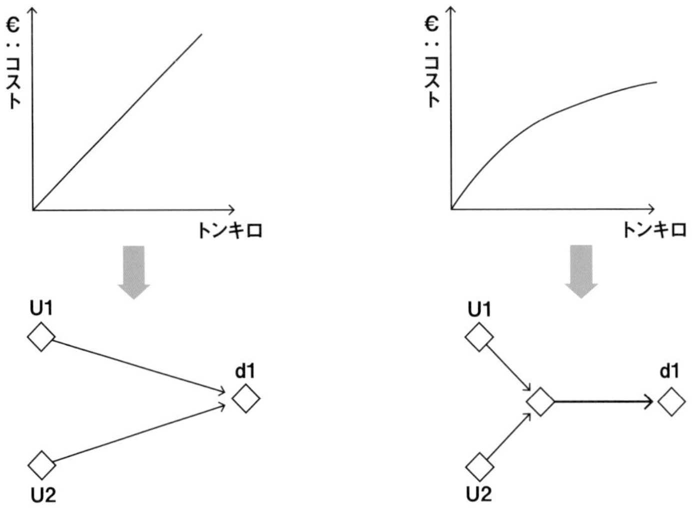

ように、すべてが発生する。実際には、時間の流れは逆となり（フローが速く、ハブと関連サービスのネットワークが遅い）共同決定の場合が多い。加えて、私たちは、インフラと需給ベースがネットワーク最適化プロセスを通して安定していると仮定した。

私たちが描くシナリオでは、規模の経済がネットワークを構成する、と容易に証明できる仮説を立てた。これは、フローをグループ化すると、輸送手段の使用が向上し、頻度が上がって効率のよい車輌を使うようになることを前提としている。**図38**は、この点を示している。

ここでは、ネットワーク最適化基準をエネルギーとした。この選択により、価格の不適当な変動を克服し、さらに環境の件で、より持続可能な解決策に向かうことができた。この機能は、変動する直接コストを組み込んだ古典経済的な機能、あるいはエネルギーを評価する機能に置き換えることができる。

図39 ● ハブがオレンジ色、発送元が緑、目的地が赤で表示されたネットワーク構成

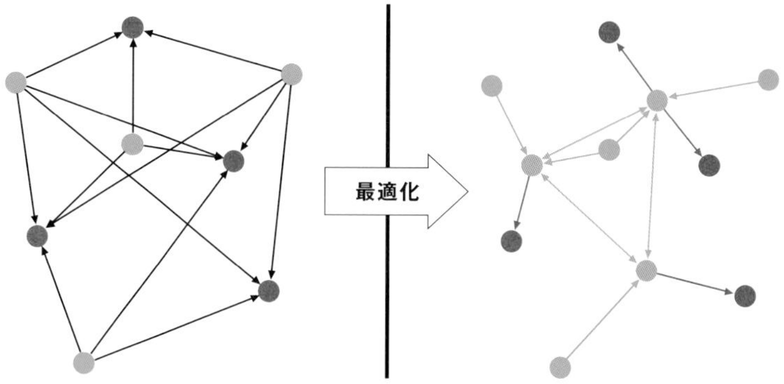

解決策に到達するためには、影響の少ない構成（ネットワークインフラの接続地点に配置されたハブのセット）という初期の解決策から始めて、その後これを発展させる。最適化を実現するのに、一連の「活用フェーズ」と「探索フェーズ」で得られたネットワーク構成の強化が重要だ。

▶活用については、ハブの位置と、フローハブへの割り当てを調整することによって、現在の構成を改善しようとする試み

▶探索は、ネットワーク構成を壊して新しい構成を検出し、最も使用頻度の低いハブを削除して、最も使用頻度の高いハブを分割することによって、局所的な最適化から脱する手法

一定のレベルに収れんさせていくには、作り変えていくよりも最適化する形で解決していくために、探索フェーズよりも活用フェーズが多くなる。**図39**は最適化作業をイラスト化したもので、発送元（緑色）と目的地（赤）だけで構成されたネットワークからハブ（オレンジ色）を含むPIネットワークへの移行を目指している。（Ballotら、2012）も参照。

図40 ● データベース内の施設（販売地点を除く）を接続するように最適化されたフィジカルインターネット・ネットワーク

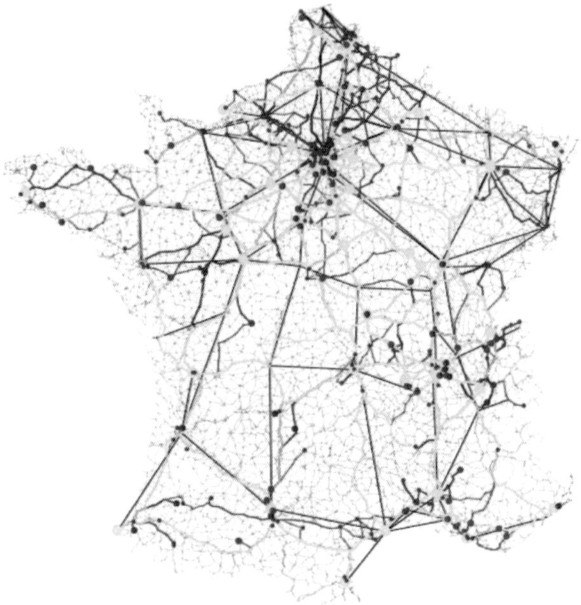

このネットワークは、すべての施設（工場・倉庫・物流センター）の間にメッシュを形成するように最適化されている。

フランスでは2つの全国ネットワークが打ち出されている。1つ目は、道路のみを使用する。2つ目は、道路と鉄道を利用する。この2つ目のネットワークは47のハブで構成され、そのうち17カ所は鉄道とのリンクを有する。すべての鉄道リンクは道路とのリンクによって二重となっており、比較のためにいうと、鉄道ネットワークを使っても使わなくても輸送は可能だ。

図40では、ハブを結ぶ道路の黄色の線（ハブも同じく黄色）と区別するために、鉄道が黒の直線で表されている。工場や倉庫は赤で、そこ

図41 ● データベース内の販売地点を接続するように最適化されたフィジカルインターネット・ハブネットワーク（全国ネットワークの一部概要）

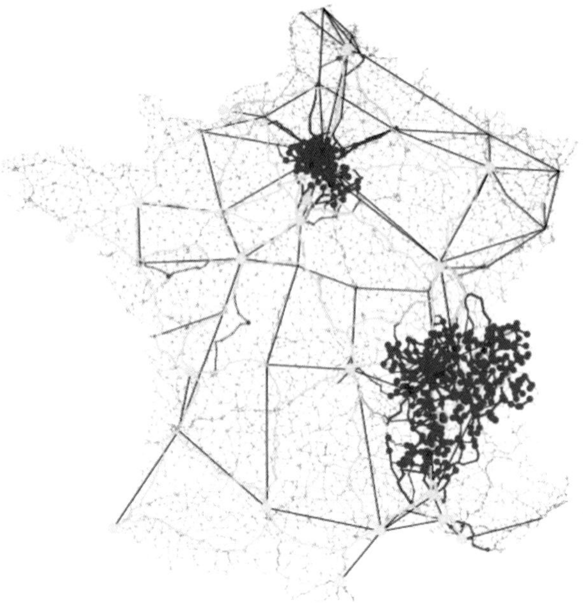

につながる道路は赤、物流センターや店舗、そこにつながる道路は青で表示されている。

もちろん、ここで明らかになったメッシュは、域内上のこの業界の活動密度と、すべてのサービスが個別に動いていた初期の状態と比べたサービスネットワークの大幅な単純化、その両方を反映していることを記しておく。

同じ最適化手順を域内に適用した結果を**図41**に示す。2つの地域の両方のスーパーマーケットチェーンの店舗に役立つメッシュの密度に注目したい。

ここでも、ネットワークは全体的に大幅に単純化されている。しかし、出荷が直接行われる特殊なネットワークとは対照的に、1つまたは複数のコンテナで構成される各出荷は、この新しいサービスネットワークで経路を見つける必要がある。

14 フィジカルインターネット・ネットワークのフローをシミュレートするための初期プロトコルの提案

ネットワークと施設にニーズ（オーダー）が与えられた後は、ロジスティクスプロトコルとエージェントの意思決定アルゴリズムを定義し、シミュレーションを動かして、結果を測定し、評価する必要がある。

第1段階では、ロジスティクスサービスネットワークの現在の運用を再現するためにシミュレーションモデルを使った。これについては、後述する。フィジカルインターネットの運用は、3つのステップでモデル化される。各ステップについては、この後のセクションで説明するが、出荷のコンテナ化、最適経路の決定、そしてハブを通過する輸送の最適化である。車輛の再配置（空荷の走行、運行管理など）については、この最初の実験アプローチでは考慮に入れていないことを記しておく。フィジカルインターネットシナリオの結果に大きな影響を与えないと見るからである。逆に、PIモデルにおいては、ハブで復路の積み荷を見つけることは、現在のモデルの特定のサービスに比べて容易になる。興味のある読者は、以下の科学出版物で詳細を読むことができる（Sarraj ら、2014）。

現在の運用：参照シナリオ

現在のネットワークの運用は単純にモデル化され、私たちの注文はすでにヨーロッパサイズの同等のフルパレットで送られており、製品の重量も商品属性ごとに認識される。この情報は、特に液体を運ぶのに有効だ。他の多くの製品とは異なり、重さでトラックを満載にするからだ。

注文は出荷施設ごとに、日々、グループ化され、その後、輸送先別にグループ化される。これにより、輸送手段に最適に積み込まれる。当日の注文が入ると、その都度、配達が求められる。小さな出荷に1台の車を使うことは、大げさに見えるかもしれないが、ここでは、この分野の最大のステークホルダーからの注文を扱っており、それは彼らが好む作業モードである。

毎回、輸送が発生するたびに、出発日時、積載量、走行距離などが記録される。その後、これらの詳細は、走行した道路や、速度および運転時間制限など施行されている規制に従って、望ましい成果指標を算出するのに使われる。長距離輸送に関しては、1人の運転手の基本として宿泊を伴う可能性にも留意したい。

この現在の運用の再現は、シミュレーションモデルを検証するために使われる結果を提供し、フィジカルインターネットの運用と比較するための基礎を提供する。これらの結果は、他の結果と共に提示される。

コンテナ化

フィジカルインターネットの業務をシミュレートするには、各出荷施設で日々注文された商品をコンテナに入れる前に、輸送先別にグループ化する必要がある。注文された商品の配送中、コンテナはフィジカルインターネット上にある。サービスプロバイダーが扱うのはコンテナであり、例外を除き、コンテナを開けてはいけない。これは、デジタルインターネットにおけるデータグラム（パケット）に相当する。しかし、デジタルインターネットと異なり、フィジカルインターネッ

表13 ● 20フィートの標準的な長さのコンテナの比較

名称	標準TEU	PIテスト	高さ9'6'の立方体
Lxh (m)	2.33×2.38	2.4×2.4	2.33×2.89
ネット容積 (m^3)	32.75	34.56	39.85

トは異なるサイズの製品を扱わなければならず、ここでは異なるコンテナサイズを試すテストを提案する（**表14**）。

このケースでは、全国的な供給システムをシミュレートすることを目的としているため、最初に考慮するのは、内部断面が2.4m × 2.4mで長さが異なるコンテナのみである。

したがって、すべての製品は容易に適合する可能性が高い。コンテナの内部容積はそっくりそのまま使用できると考え、サイズの種類を増やすことは考えない。

コンテナ化の手順を踏むことで、大型のカテゴリーのさまざまなコンテナをテストすることができる。

幅広い種類を提案することで、どのような種類が求められているのかを推測し、絞りこんでいくこともできる。大型コンテナの最初のカテゴリーは、6つのモジュールサイズを提案している。このセットを使用すると、鉄道車輛またはトラックに積み込むための複数の組み合わせが可能になる。第2のカテゴリーでは、最も短い1つの長さのみが提示されている。これは、出荷の量を抑えようというロジックを極端に推し進めるケースである。第3のカテゴリーでは、現状のサイズへの関心とさらなる多様性の付加価値を評価するために、輸送コンテナのサイズ（パレット幅）の使用を取り入れている。

コンテナの大きさが決まると、次の難問は、注文されたすべての製品をどう入れるか、各コンテナまたは複数のコンテナの充填を最適に

表14 ● テストしたコンテナのカテゴリー

カテゴリー	サイズ（m）
1	2.4 × 2.4 × { 1.2、2.4、3.6、4.8、6.0および12.0 }
2	2.4 × 2.4 × 1.2
3	2.4 × 2.4 × { 6.0および12.0 }

することである。この問題は、オペレーションズ・リサーチの古典的な問題である「ナップザック問題」に関連している。この問題と、さらに派生する問題が（Kellererなど、2004）で説明されている。

各注文（原産地、最終運送先および出荷日）にどのコンテナを使用するかを決定する基準は、注文全体の積載率を最大化しつつ、使うコンテナ数を最小限にすることである。この基準は、必要な荷役量を最小限に抑え、コストを抑えるために採用されている。例えば、12mの長さのコンテナの45%に相当する注文があり、長さ12m、6m、3mのコンテナが利用できる場合、12mのコンテナや3mのコンテナを使用するのではなく、長さ6mのコンテナを使用することが解決策となる。この段階では、コンテナは許可されたすべてのモジュールサイズで常に利用可能であると仮定する。

コンテナサイズが製品の大きさや包装に適しているかどうかという一般的な問題は、非常に広範な問題であるが、研究分野に焦点を定めたセクションで触れたい。

コンテナルーティングプロトコル

プロトコルは、ITネットワークの分野でよく知られている。ルーティング（経路決定）プロトコルは、ネットワークの構成要素がネットワークの状態を知るためにどのように通信するか、およびネットワーク内の2つの接続地点間の経路を選択するためにこの情報をどのように使用するかを指定する。経路は、「コスト」または「距離」(Comer、2006)の機能を使用して経路決定のアルゴリズムに基づいて選択される。

ネットワークの種類と選択した運用ポリシーに応じて、非常に多様な経路決定のプロトコルがある。ここで、プロトコルの目的は、工場から店舗までのネットワーク接続地点間のロジスティクスサービスの最良の組み合わせを見出すことであり、コンテナはその優先度(最小リードタイム、最小コスト、最小環境負荷など)に従ってその運送先に到着する。

デジタルインターネットの経路決定プロトコルは、ITネットワークの特定の特性に基づいて構築されており、ロジスティクス業務に適した経路決定プロトコルをデザインするために理解する必要があった。実際には、これらのネットワークの性質には多くの違いがある。特に、ITネットワークでは、地理的な距離はほとんど重要ではない。ネットワークの状態は、どんどん変化する傾向があり、送られるアイテムはNULL(無効)値と見なされることも多く、必要であれば破棄したり再作成したりできる！　当然のことながら、ここでは深刻な失望を招く危険を冒してITソリューションをコピーすることはない。

ロジスティクス環境では、この問題はITと類似しているだけでなく、大きく異なる。ロジスティクスネットワークは、交通に関しては不規則だが、デジタルインターネットとは異なり、支流のキャパシティつまり接続には柔軟性がある。実際に、ある経路からトラックを動かして、別の経路に割り当てることが可能であり、さらには車輛を追加注文することも可能である。したがって、パイプラインのように最大フローを持つ固定ネットワークとは違う。このように、フィジカルインターネットでは、キャパシティの使用は常に重大な限界費用を持ち、特に輸送手段については無駄のない利用が求められる。これが最初の重要な違いである。

第2の違いは、予測の可能性である。これは、ネットワークの状態に関する情報が物理的な流れよりもはるかに速く流れるためである。

3つ目の基本的な違いは、コンテンツとサービスの多様性が顕著になっていることである。コンテナの目的が中身の液体、固体バルク、こわれやすいもの、温度管理が必要など、特徴にかかわらず運ぶことであっても、ネットワークプロトコルは、リードタイムや到着時間などの点で非常に可変的な要件を管理する必要があるという事実は残る。

フィジカルインターネットのルーティングアルゴリズムの枠組みの中で、私たちは以下の特性を調査した。

- 容積や輸送・分別設備の変動をダイナミックに把握する能力
- 分散構造、例えばネットワーク内の各接続地点へのルーティングテーブル(表)を設定し、ネットワークの状態とその入り口でのフロー予測を考慮する
- 「リンクステータス」カテゴリーのアルゴリズムを使用する。このカテゴリーでは、「より良い」経路のセットを保存するときにより多くのメモリーを消費し、各コンテナの優先度に応じて選択肢を選択できる。
- 特に輸送において対象とする距離、荷役、混雑状況に適した指標の構築
- コンテナが遅延したり、ネットワークステータスが変化したりした場合に、優先順位または経路にチャレンジする能力

ここで検討されたルーティング(経路決定)は反応型である。換言すれば、経路は、ある場所から別の場所へコンテナを輸送する必要が発生するたびに計算される。

私たちは、2つの代替アプローチを検討した。最初の方法は、必要な容量を予約して、最終的な輸送先(ITにおける接続モード)への完全な経路を計算して予約する方法である。もう1つは、より分散化されており、次のルーティングセグメントでシンプルに決定を行う。接続がな

いため、それ以降のセグメント用に予約された容量がなく、エンドツーエンドの配信が保証されなかった。私たちの研究フレームワークの中で、両アプローチは、発展し、テストを行い、比較可能な結果を導いた。

しかし、どちらの解決策がより好ましいか答えを出すにはまだ早い。残りの実験では、エンドツーエンド計算を優先して、接続地点ごとに最適な配信条件を再定義することにした。ダイナミックに初期の経路を調べていく手法だ。

さらに、デジタルインターネットとは異なり、発送人が各コンテナについて目的に合わせた経路決定をすることができる。このことは、あるコンテナが、コストの最小化を目指す可能性がある一方で、隣接するコンテナがCO_2排出量やリードタイムを最小化することを目的としていたり、（最初に配送期間を遵守し、次に誘発されるコストを最小化し、最後に誘発されるCO_2排出量を最小化するような）複数のレベルの優先順位を有していたりする可能性があることを意味する。そのため、ハブの中に、また輸送手段にも不均質な、コンテナ化されたフローが混在する。実際の課題は、専門家が提案するような豊富なロジスティクスサービスを維持し、すべてのサービスを1つのレベルにすることではない。

フィジカルインターネットのコンテナの経路決定の目的については、制限を設けず、以下の基準を考慮する。

- **コスト**：これは最も重要な基準の1つである。これには、輸送コストだけでなく、ハブ経由の輸送コストおよび関連する荷役コストも含まれる。
- **時間**：平均または最悪の場合の最大搬送時間、およびターゲットのリードタイムまたはターゲットの配送時間を満たす可能性は、時間基準を指定するための一部である。時間は、ネットワークのすべてのセグメントでカウントされる。これには、ハブを出る前の待機時間などに加えて、輸送および荷役時間が含まれる。

- **環境**：ここではCO_2排出量で測定しているが、これは今後、さらに重要になる新たな基準である。輸送手段によって、性能が非常に異なるので、この基準はなおさら重要である。この初期段階の研究では、輸送活動のCO_2排出量のみが考慮されている。

これらの基準は、すべてのニーズに適した多数のサービスを検討するために使用された。最初のシミュレーションの範囲内で、私たちは、例えば、対照的な最小コスト、リードタイムおよびCO_2排出量のようなルーティングの違いを強調するための単一基準実験に焦点を絞り込んだ。

ここでは、私たちは、シミュレーションの目的のために、ルーティングとハブ経由の輸送をグループ化する初期輸送アルゴリズムを提案した。これは、最終的なアルゴリズムではなく、すでに興味深い結果を提供している基本的な解決策である。

この輸送アルゴリズムに対して、私たちは、出荷は発送者によってばらばらに行われ、ほぼリアルタイムでネットワーク状態に関する情報を得る可能性があると仮定した。

コンテナ輸送プロトコルは、要求された基準に従って輸送先に到達するためのロジスティクスサービスの最適な組み合わせという最適経路の発見と、各接続地点における他のコンテナとのグルーピングという2段階に基づいている。これら2つの段階は、本質的に相互依存的である。例えば、ハブにおいてあらかじめ選択していた経路では、求めているリードタイム内に出発できないという場合、または、十分な荷物が集まらない場合、コンテナは別の経路、すなわち、別のロジスティクスサービスに移送され得る。

このアルゴリズムの一般的なロジックは、両方のステップが織り合わされた**図42**に示す。

結果を提示する前に、コンテナ輸送アルゴリズムの2つの主要なス

図42 ● 輸送アルゴリズムのフロー図

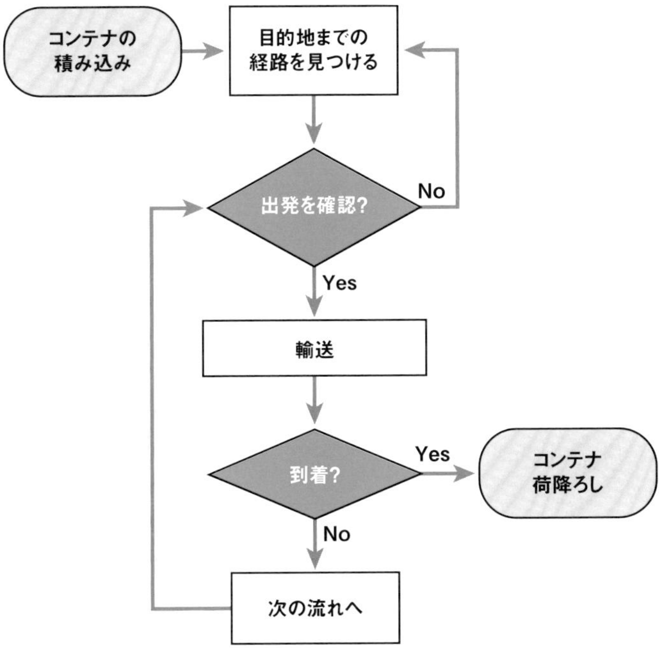

テップ、すなわち、経路決定と輸送の最適化の主要なアイデアを以下に紹介する。

ルーティング:最適な経路の検索

ルーティングアルゴリズムの最初のステップは、最終目的地に到達するための最良の「経路」を決定することである。このアルゴリズムは、初期の「経路」を決定するためにコンテナが積載された後に体系的に使用される。だが、事前に検討された輸送が割り当てられた目標と合致しなくなった場合に、必要ならばコンテナの経路に沿って、適用することができる。

ここで考察したネットワークは、もはやフランスの道路と鉄道インフラ全体のネットワークではなく、ネットワーク最適化手順により選択されたロジスティクスサービスのネットワークである。したがって、最適な経路を見つけるには、可能なサービスのメッシュネットワークの中で、コンテナに割り当てられた目標（より速くなど）を満たす最適な組み合わせを選択する必要がある。

ここでの問題は、実際には、接続地点がハブであり、接続地点同士を結ぶリンクが輸送サービスであるグラフ上の「最短」経路という古典的な問題である。「短い」という概念は、各輸送サービスに割り当てられた重量、すなわち、コスト、時間、CO_2排出量またはこれらの任意の組み合わせ（さらに言えば、ハブを経由する場合も同様）に関連している。この最短経路を発見するための非常によく知られたアルゴリズムがある。1つは、ダイクストラアルゴリズム（Dijkstra、1971）だが、このアルゴリズムは、コード化およびシミュレーションでの実装が比較的複雑であるため、最適な経路を決定するためにA*（エースター）アルゴリズムを使うことにした。このアルゴリズムは、単純かつ高速で、最適解または近似解（Dechter&Pearl、1985）のいずれかを提供することができる。私たちの場合、体系的に最適な経路を探している。

ハブ経由の輸送と出発の最適化

最終的な目的地以外の各接続地点（起点またはハブ）では、コンテナは待ち行列の中に置かれ、直接接続する接続地点に到達していく。これらの待ち行列とコンテナは、利用可能な輸送手段を満たす形で、コンテナの優先順位に合致するように組み合わされなければならない。

この問題もまたナップザックの問題である（Kellererら、2004）。到着する各輸送手段は、限られたキャパシティのナップザックを表し、各

図43 ● 道路/鉄道ハブの作業フロー図

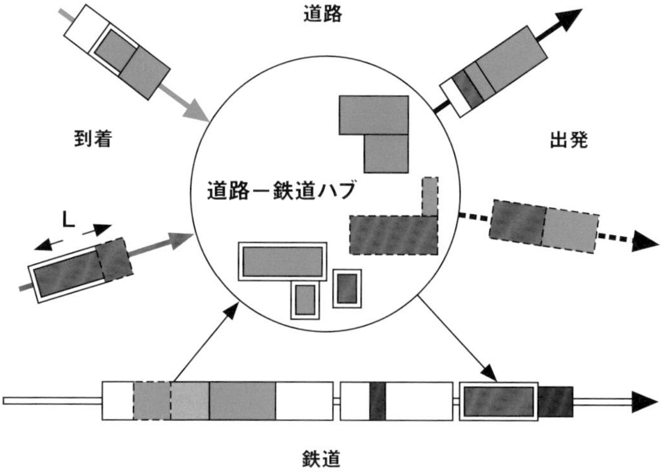

コンテナは潜在的にこのキャパシティの一部を使う。これは、容積と重量の両方で表される。コンテナには、特定の「価値」もある。これは、サイズと優先順位によって異なる。このようにして、閾値に達すると、車輛はチャーターされ、輸送サービスがシミュレーションで如実に示される。複数の車輛が必要な場合は、この手順を繰り返す。配送される容積が少なすぎて、車輛の積載量を満たさず、必要なリードタイム内に移動できない場合は、経路が再検討される。例えば、列車の場合は、道路にフローを変える。道路の場合、他に選択肢がなければ、完全に満車でなくても車が出てしまうことになる。アルゴリズムの詳細については、(Sarraj、2013)を参照。

交通の予測、通常のサービスのために予約されたキャパシティ、与えられた通知に従って変動するコスト、多かれ少なかれ正確な配送期間の遵守など、多くの改善が予想される。これらは後の研究の主題である。

このアルゴリズムは、各ハブに永続的に適用され、搭載と出発の選択を決定する。シミュレーションでは、需要がなくなるまで手順が繰り返された。

これらの詳細がすべて検討され、シミュレーションツールにプログラムされた後は、シナリオを検討し、その結果を分析する必要があった。

15 フィジカルインターネットの漸進的な開始のための可能性の評価

モデルの検証

前述したように、このシミュレーション実験に使用されたデータは、2つの国内小売業者のサプライチェーンから得られたものであり、ロジスティクスのClub Déméterワーキンググループの枠組みの中で収集されたものである。データは、論文（Pan、2010）で議論された小売流通におけるプーリングの研究に先立って、この作業部会の枠組みの中で検証された。

検証の際は、フローの特徴や、さまざまな指標を見ていくが、中で最も重要なものは道路車輛の積載率だった。

特に、積載率は重量で59%、容積で45%であった。比較のために、食品サプライチェーンの研究（McKinnon、2000;McKinnonなど、2003）では、積載率が重量の53%および床表面の69%となっている。容積で見た占有率の公式統計はなく、上に引用した研究では測定されていないため、現在、比較の基準として使用できない。

ヨーロッパのデータを見ると、フランスのセミトレーラー（EuroStat、2007）の輸送重量の平均積載率は約50%であり、年々変動していることに留意しなければならない（McKinnon 、2010）。

したがって、データベースは平均的なサプライチェーンよりも優れており、比較上ある程度高い基準を構成していると考えることができる。また、シミュレーションで車輛群が管理されていないため、空荷の走行に関する詳細は提示できない。しかし、フィジカルインターネット・ネットワークでは、最適化により、バランスのとれたフローを探索するので、空荷の走行は最小になる。この点については議論しない。

シナリオの検討

シナリオ0は参照シナリオで、現在の作業を再現する。

シナリオ1は、現在のサプライチェーンインフラのほとんどの要素を含むシナリオである。倉庫と物流センターは、それぞれを現在運営している特定の単一企業に割り当てられたままである。ここでのフィジカルインターネットは、オープンだが、単一の輸送手段による移動システムのように見える。言ってみれば、コンテナ化はトラックを公共交通機関に変える。サプライチェーンへの影響を**図44**に示す。

コンテナ化の主な利点の1つは、それが複数の輸送手段の利用を容易にすることにある。シナリオ2では、経路決定のアルゴリズムに関連するコンテナ化によってフローが一本化され、完全な列車積載のフレームワークの中で、鉄道など、より大型の輸送手段へのアクセスが取り入れられる点に着目する。ここで示すのは1区間の部分的なフローであることから、26～28輌（フランスでの完全な編成）の全車輌をいっぱいにするのではなく、各停車駅で6輛編成のみで行うと想定した。このアプローチは、輸送手段が各停車駅で部分的に積み降ろし/積み直しされるライン作業のロジックに従う。この仮定は限定的に見えるかもしれないが、実際には保守的である。ここで扱うデータは、生鮮食品を除く食料のフローの約14%に相当する。もし私たちが典型的な積載率を望むのであれば、すべての製品群、すべてのサプライヤー、複数の

図44 ● PIがフィジカルインターネット・ネットワーク経由のトランジットを指す場合に提案される開始シナリオの図

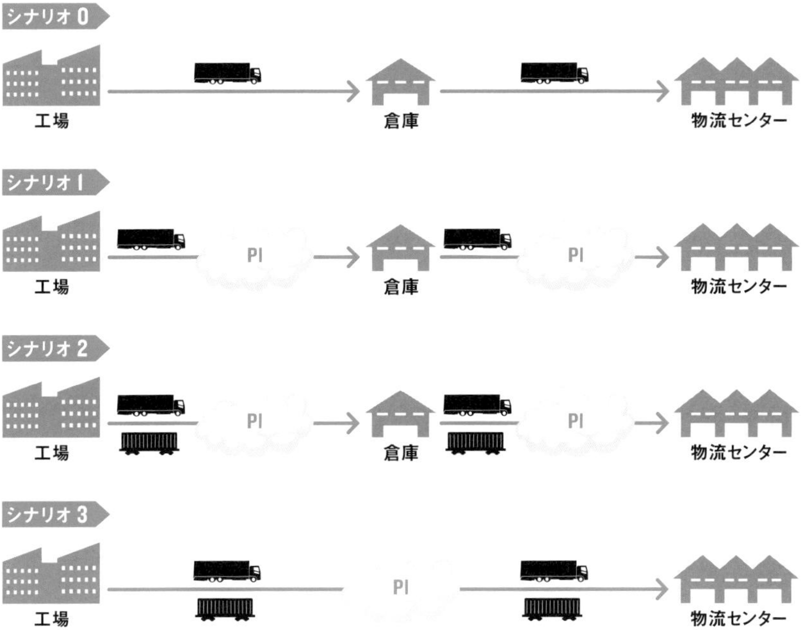

セクター、そして停車数を増やすならば、4つの車輛はさらに少なくなる。このシナリオでは、原価、リードタイムおよびCO_2排出量の点で経路決定の基準を比較できる。もしそれが実行されるならば、フローのかなりの部分を鉄道に戻すことによって、実現すれば、このシナリオは、現在の業務に新たな出発点を与えることになるだろう。

また、シナリオ3では、サプライチェーンの一部の構造に挑戦する。倉庫を物流センターに出荷する前のフローを統合する場として使う。フィジカルインターネットによってモノの動きが変わり、倉庫での統合フェーズを経ることなく、より小規模な注文を各工場から直接行うことも可能になる。したがって、このシナリオでは、フローの3分の1

でハブアンドスポークネットワークに接続された迂回路を回避しながら、参照シナリオよりも多くの細分化されたフローを処理する。

図44は、現在の状況からサプライチェーンの構造に挑戦する展開までの4つの提案されたシナリオ（0から3）を要約したものだ。これらのシナリオは、物流センターを保管設備の備わったハブで代替するなど、さらに大きな変化を示す他の用途にも拡張することができる。現状は単に可能性でしかない。

以下では、シナリオ別に結果を示すことから始め、コンテナの組み合わせ、すなわち6つの異なるサイズのコンテナによるフィジカルインターネットの影響を測定する。

次に、経路決定基準の影響と、各シナリオのコンテナサイズのセットの影響を示す。これらの2つの相補的な結果は、フィジカルインターネット・デザインパラメーターに対する感度の分析を提供する。

フィジカルインターネットの開始が主要成果指標に与える影響

プレゼンテーションのために選ばれた指標のリストは、排他的ではないが、現在の輸送またはフィジカルインターネットのためにクリアされるべきリスクのいずれかの主要な指標の選択を反映している。例えば、リードタイムまたはハブ経由の移動回数である。

■積載率

公的統計で用いられる最初の指標は、交通手段（トラックや鉄道車輛）の利用率である。ここでは重量で分類しているが、製品によってはこの2つの積み荷基準のいずれかで飽和に達する可能性があるため、容積でも分類している。これは、他の製品のコンテナと混合されていない場合に、容積ではなく重量で車輛を満杯にする液体コンテナに特

図45 ● 現在のシナリオ(0)およびフィジカルインターネットのシナリオ(1から3)に従った、重量による積載率

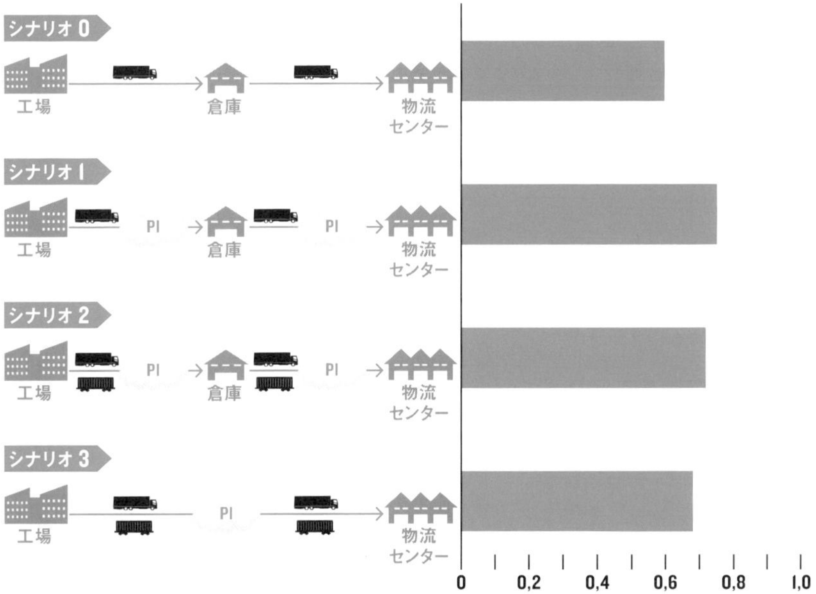

に当てはまる。

図45に示すように、得られた結果は、積載率が7%から15%の間で有意に増加した。いくつかの点で有利ではないにもかかわらず、シナリオ0の積載率よりもほぼ17%から33%の大幅な改善である。

- ▶工場から倉庫に配送する際にフルトラックで3分の1のフローを持つ、すでに効率的なサプライチェーン
- ▶コンテナのサイズに調整されていない注文
- ▶シナリオ2およびシナリオ3では、いっぱいにすることが困難な、より重い鉄道車輌の使用
- ▶シナリオ3では、倉庫を経由して移動しなくなると、フローがより断片化される。このシナリオでは、物流センターからの注文は工場か

ら直接受注される。

したがって、フィジカルインターネットへの移行は、すべての商品の交通と比較してわずかな量であっても、輸送手段の使用において飛躍的な進歩を可能にするであろう。

■ハブあたりの移動数

フィジカルインターネットの開発に関して私たちが抱く恐れのひとつは、それが非常に多くのハブを経由することを必要とし、コストとリードタイムの観点から結果が性能に影響することである。

私たちは、平均して2つのハブを経由するとし、鉄道を含むシナリオでは3つに増やした。ただし、シナリオ3では、取り扱い拠点を経由した輸送と同等と考えられる倉庫経由の輸送を避けている。

したがって、**図46**では、フィジカルインターネットへの切り替えは、制限されたバージョンであっても、レール接合部にサイトがなくても、積み降ろし/積み直し作業の激増を引き起こさないことを記しておく。平均して、出荷ごとに1.3の追加の積み降ろし/積み直し作業が、より効率的に、したがってより経済的に実行されている場合でも、コストとリードタイムに追加されることになる。それで、この状況では鉄道輸送は不利ではない。最後に、製品の最終的な流通を体系的に統合することによって、さらなる利益を達成することができる。

■配送リードタイム

シナリオ3を除いて、工場から倉庫または物流センター、または倉庫から物流センターに必要な移動時間としてカウントされる配送リードタイムに関しては、フィジカルインターネットのシナリオでは平均時間が2～4時間長くなっている。フィジカルインターネットの場合、この配送リードタイムにはハブ経由の移動時間（新輸送手段への積み降ろし・仕分け・待機・積み直しに要する時間）も含まれる。

図46 ● シナリオ0とフィジカルインターネットのシナリオ（ハブ、倉庫、物流センターのいずれか）の間の積み降ろし/積み直し操作の数の比較

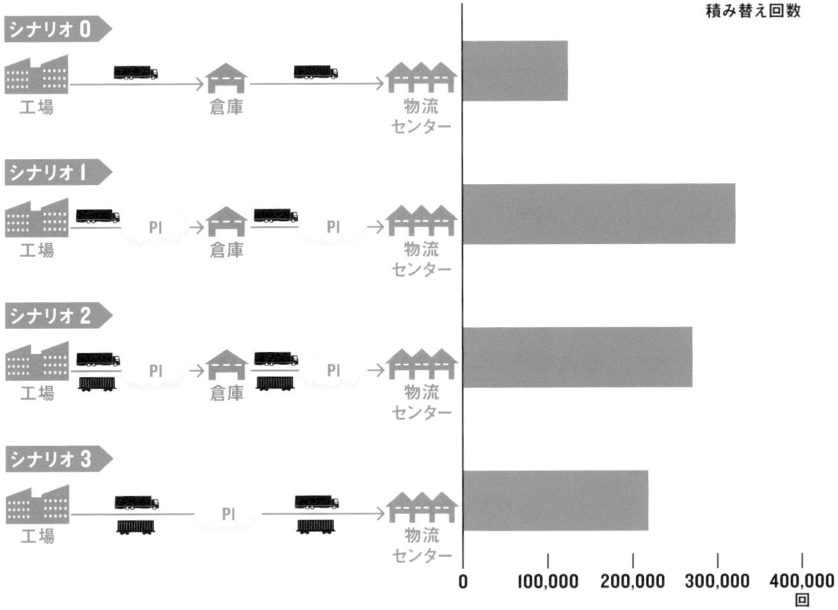

次ページの**図47**に示されているように、フィジカルインターネットによって提案されたリードタイムは、トラックが途中で休憩することが少なくても、ハブを経由する輸送のために、数時間長くなるように見える。ただし、このリードタイムは、発注からのリードタイムが非常に長い一方で、在庫間のリードタイムの状況に入れる必要がある。これにより、リードタイムには約1時間の変動が生じる可能性がある。詳細についていえば、フローは実際には常に24時間以内に供給される。

ここでもまた、シナリオ3は5時間長くなるので、倉庫での保管時間を考慮せずに、少なくとも2つの輸送段階（倉庫の上下流）、すなわち12時間の配達時間と比較して、別々に考える必要がある。したがって、シナリオ3では、工場と物流センターを直接つなぐことで、配送リード

図47 ● **現在のシナリオとフィジカルインターネット・シナリオの間の輸送リードタイム（時間）の比較**
注意：シナリオ3では数時間長くなるが、工場と物流センターを直接つなぐため、全体のリードタイムが数日短縮される

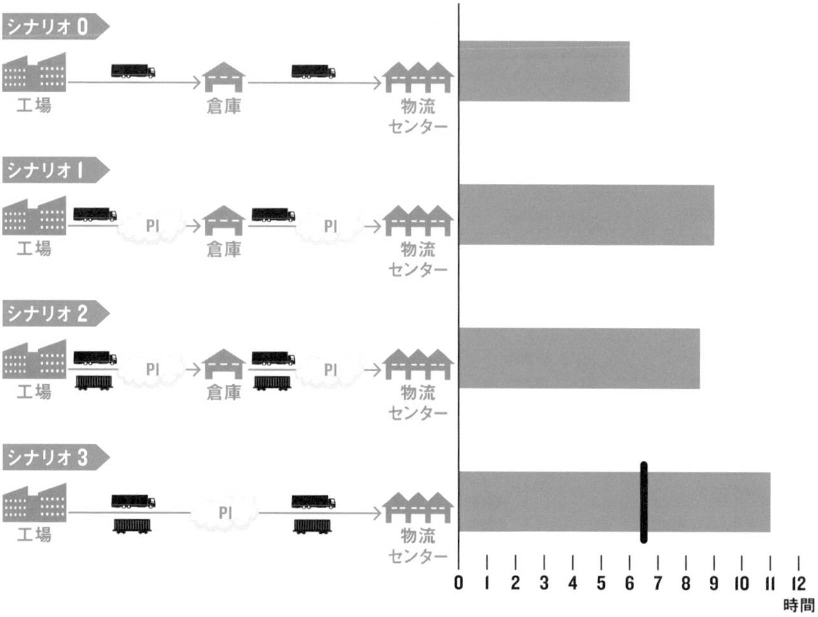

タイムを他のシナリオよりも大幅に短縮している。また、後述するように、在庫の削減にも大きな影響を与える。

■ CO_2排出量

CO_2排出量に関しては、**図48**に示すように、最も目覚ましい結果が得られている。実際、ほぼ20％の積載率の相対的増加のおかげで、ハブを経由しての走行距離の増加にもかかわらず、私たちは、道路車輛のみを含め、排出量の著しい減少があったことを明記しておく。

環境面では、温室効果ガス排出の少ない重量輸送手段の開発を可能にし、この場合、鉄道だけでなく内航船や河川バージを活用できるフィジカルインターネットは、2050年に約-60％の輸送における排出削

図48 ● 現在のシナリオとフィジカルインターネット・シナリオのCO_2排出量の比較

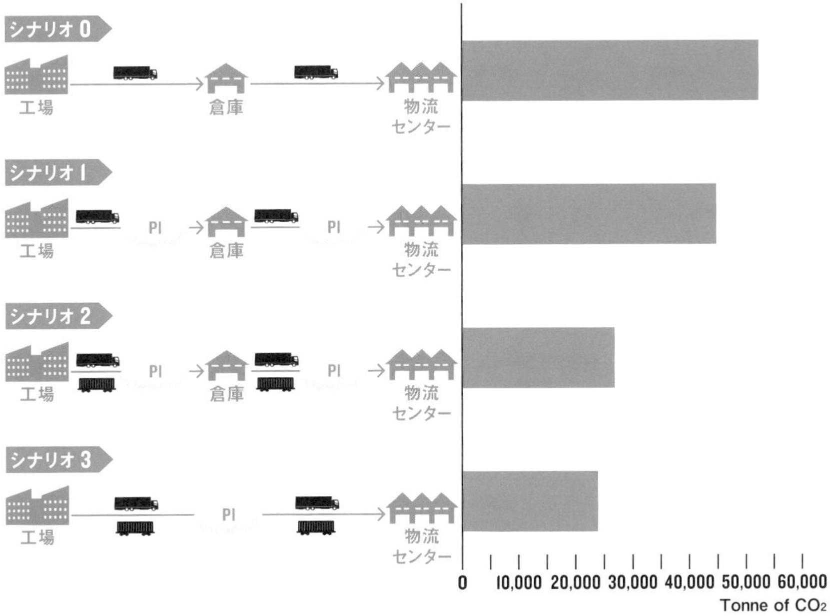

減目標（EC、2011）を達成できる可能性を持つ組織を提案している。

■インフラの活用

中央倉庫を経由する輸送を避ける場合に、輸送手段の積載率を高め、より直接的な輸送を行う利点の1つは、排気ガス対策だけでなく、インフラ、特に道路や高速道路の使用を減らすことである。次ページの**図49**はこの点に関する実験結果をまとめている。最初に、サプライチェーンの同じ施設間のハブを経由する移動で回り道させたにもかかわらず、トラックがカバーするマイル数は実質的に同じであることに留意する必要がある。積載率の改善は回り道の結果と言える。シミュレーションは、集団管理を考慮しておらず、したがってフィジカルインタ

図49 ● フィジカルインターネット・シナリオと比較した現在のロジスティクスによるインフラの使用

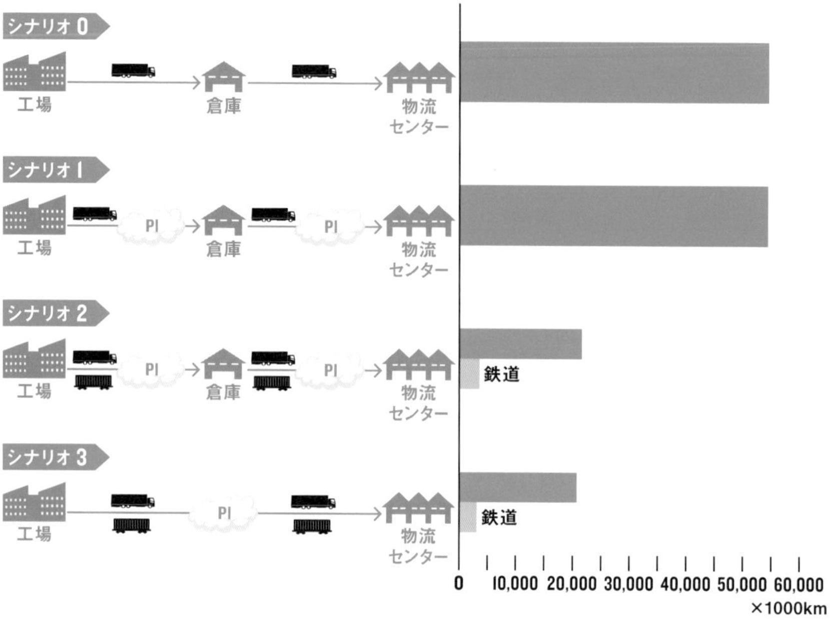

ーネットにより可能となる相互接続輸送により誘発される空車の走行の減少を反映していない。

図49によると、代替鉄道が利用可能になれば、トラックと鉄道車輛がカバーする走行距離の60%以上が減少する。実際に、実現されたフローを統合することによって、フィジカルインターネットのようなシステムは、コンテナが道路に加えて鉄道輸送を通る経路が決定されることを可能にする。シナリオ2とシナリオ3では、交通量（トンキロ）のほぼ半分が鉄道による直送輸送を利用している。当然のことながら、シミュレーションでは、この鉄道はモデル化されたネットワーク上での直接かつ毎日の移動として存在すると仮定しているが、現在では必ずしもそうではない。したがって、これらの目標を達成するためには、重

量輸送手段と関連するインフラの開発が必要であるが、それは別の議論の対象である。

ここではシミュレートしていないが、都市中心部での利点はさらに大きいであろう。

■在庫

実現モデルは輸送と荷役に焦点を定めているが、保管コストに対するシナリオの影響を解析することを試みた。この分析は、古典的な在庫管理手法の枠組みの中で在庫の差を評価する形で進めた。フィジカルインターネットで予想されるような、その地域での真のダイナミックな在庫流通に転換しない。平均すると、在庫は1回の搬送量（バッチ）の半分で、需要の変動に基づいてバッファ（予備）在庫が追加される。したがって、1回の搬入量の規模は、注文および需要の変動の分析によるバッファ在庫によって決定される。

供給サイクルごとに98%の確率で不足しないバッファ在庫モデルを採用した。

シナリオ3を除き、製造業者への発注は問題にならず、その結果、次ページの**図50**に示すように、シナリオ0、1および2には同一の在庫がある。ただし、シナリオ3では、受注を物流センターから直接工場に移動して中央倉庫の在庫を削除し、在庫（バッチとバッファ）を工場と物流センターの間で再配分するため、最終的に在庫が40%削減される。

この分野では、多くの利益がまだ模索されている。特に、現在の数量ベースの価格設定スケールから生じるバッチサイズの変更によって、トラック全体に有利になり、大量の在庫がより小さなコンテナ出荷に有利なスキームに集中することによって、フィジカルインターネットの流れの中で、よりダイナミックな在庫流通が可能になる。

■ロジスティクスコスト

図50 ● 現在の中央倉庫在庫および3つのフィジカルインターネット・シナリオへの影響

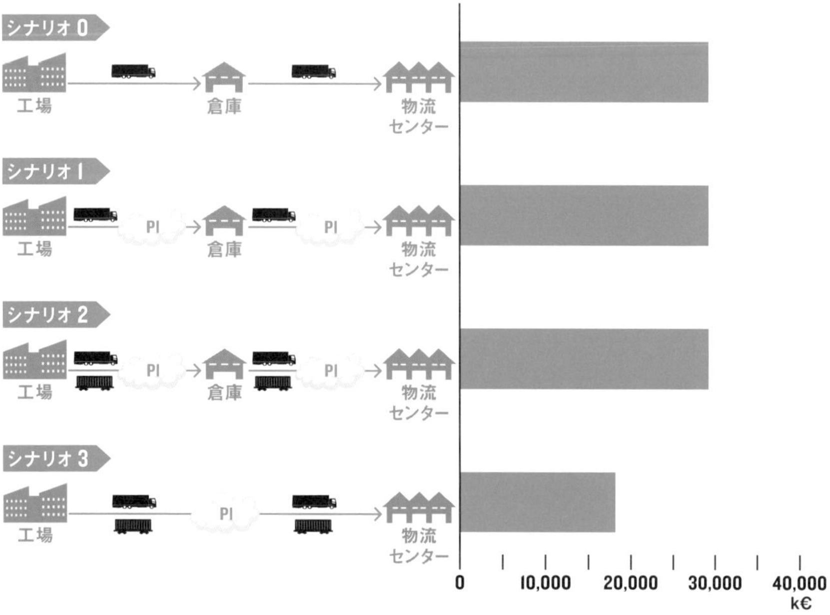

コストに関して、176ページの**図51**は、フィジカルインターネットのすべてのシナリオが、商品の動きに関して、実質的にメリットを生むことを示している。

経済的評価はまだ固まっていないため、私たちは保守的な立場を取り、すべてのシナリオでコストは同一であり、コンテナについての価格設定は可能な限り現状に基づいていることを前提とする。

以下のような点が考慮される。

▶道路輸送の価格（1台の連結式トラックに走行距離に基づく料金体系を割り当てた場合）

▶鉄道輸送の価格（車輛総積載量と走行距離に基づく料金体系で計算）

▶1つのコンテナの輸送費（積み降ろし、回収、積み直し）

▶トレーラー変更のコスト（このコストは、コンテナのセットが同じ輸送先で、次のハブの先に位置している場合に適用。この場合、経路決定プロトコルでは、ハブでは積み降ろしをせず、牽引車を単純に変更する必要がある）
▶パレットおよびコンテナを倉庫に保管する際に、出入りするコスト（保管費用を除いた事務管理費）
▶コンテナの資金調達に関連するコスト（これは輸送リードタイムに48時間を加えた長期レンタル）
▶最後に、保管コスト（保管されている製品の価値と在庫を現金化した場合のレートに基づく）

図51に示されている12週間にわたるコストの数値は参考情報であるが、10%から35%の差がある。この差については修正の可能性もある。

経済面および環境面での結果は、両方の分野で同時に大きな利益が得られる状況を示している。輸送効率がもたらす成果は、広い意味で資源の効率も高め、環境にとってメリットとなるが、それは積み降ろし/積み直しが増える分の埋め合わせをする。

最後に、私たちはロジスティクスサービスプロバイダーの戦略や経済モデルと同様に、フィジカルインターネットが輸送慣行に引き起こす可能性のある非常に有望な変化を無視してはならない。したがって、この経済的評価は、そのコンセプトの可能性を固める最初のアプローチにすぎない。

一連のコンテナの利点

フィジカルインターネットの設計に関する疑問の1つは、さまざまなモジュールサイズのコンテナを揃えることの必要性である。管理の複雑さを補うために、例えば、積載率の面でより大きなメリットが得られるであろうか。

図51 ● 倉庫保管コストを含む、シナリオに従った現在のロジスティクスとフィジカルインターネットのコストの比較

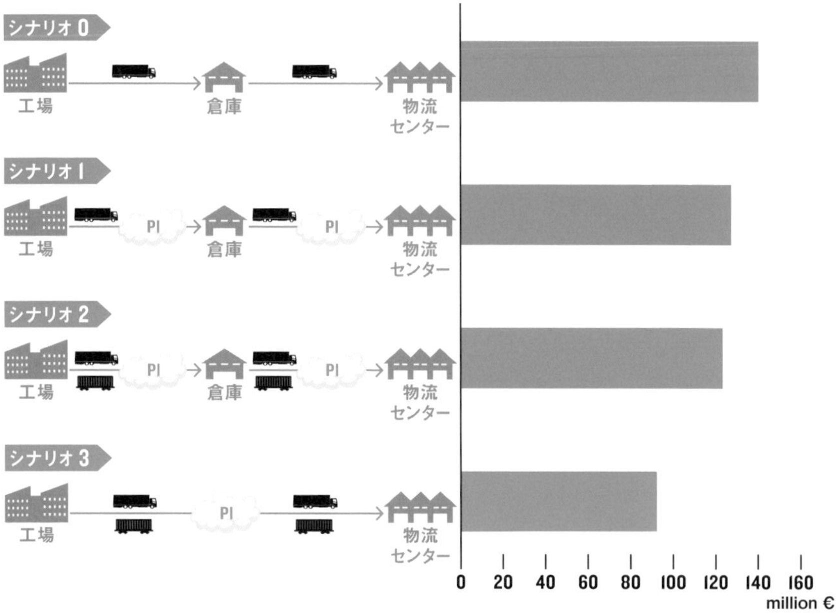

この問題を検討するために、シナリオ2を異なるサイズ範囲で数回繰り返し考えた。多数のレンジをテストし、そのうちの3つを本書に記載する。読みやすくするために、これらの範囲を**表15**に示す。

第1のレンジには6つのサイズがあり、第2のレンジにはただ1つ（最も小さいもの）があり、そして第3のレンジには2つの輸送コンテナサイズに類似した2つの寸法がある。**図52**では、これら3つの組み合わせを色を変えて表している。

図52に示される最初の結果は、最大サイズ、すなわち12mのコンテナの大部分に関するものである。これは2つの要因によって説明される。一方で、注文されたフローのほぼ3分の1がフルトラックであるため、自然に最も大きなコンテナを使用する。一方、小売りの運用形態、

表15 ● テストしたコンテナサイズのカテゴリー

カテゴリー	サイズ（m）
1	2.4 × 2.4 ×｛1.2、2.4、3.6、4.8、6.0および12.0｝
2	2.4 × 2.4 × 1.2
3	2.4 × 2.4 ×｛6.0および12.0｝

図52 ● シミュレーション内のコンテナ数（サイズ別）、および3つのバリエーション（対数スケール）

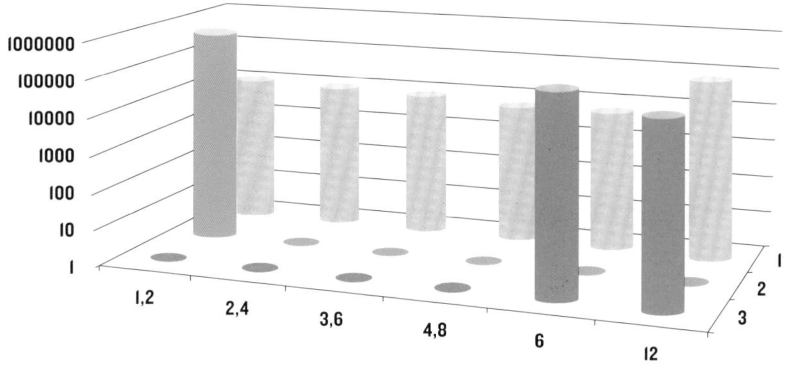

特に数量ベースの価格スケールを考えると、製造業者は可能な限りトラックに満載の状態での配送を目指している。

179ページの**表16**に示された結果は、現在利用可能な6mまたは12mのコンテナでは、あまりメリットがないことを示す。積載係数はほとんど改善されず、最終的に混載がわずかに改善される程度で、現在のオーダーに対する適合がほとんど行われない。積載率が改善されているにもかかわらず、コストは実質的に同じままである。

大きなコンテナサイズと、種類の少なさは、それだけが要因ではないものの、現在これらに切り替えることへの関心が低いことを説明するのである。

サイズの多様性を追加することで、積載率がさらに向上し、何よりも混載が改善され、約15%のCO_2排出量が改善される。輸送のためだけに小さなコンテナを使用することは、荷役が増え、コストが膨らむ要因となるので、あまり関心を持たれない。荷役の費用はサイズとは関係ないため、実験でも、使われた大部分は大型のものだった。

図53にレーダーモードで表示された結果は、コンテナの組み合わせ、特に1.2mから12mのセットと、1.2mの最短のものだけの選択に対する感度を明らかにしている。後者は、当然のことながら、より比例してコストがかかり、より多くの処理を必要とするが、しかし、それらはまた、注文サイズを減少させることを可能にし、従って、稼働しやすい。この問題について結論を出すには時期尚早である。というのは、固定化および保管のコストに関して、コンテナサイズの影響が大きいものの、この段階では考慮されていないからである。さらに、これらのコンテナを使用可能にすることで、需要が生まれ、特に数量ベースの価格スケールが変わることは確実である。

輸送範囲に焦点を定め、1つのサイズカテゴリーのみを検討する場合でも、提案された標準コンテナ提供に対するフィジカルインターネットの性能の感度が測定されるため、慎重に検討されなければならない。

ルーティング（経路決定）基準の影響

経路決定の基準がパフォーマンスに与える影響を理解するために、シナリオ2の3つのバリエーションをシミュレートした。これらの変形では、最小原価、最小リードタイム、最小のCO_2排出量という1つの基準がすべてのコンテナに適用される。

これらの基準は、経路、サービスの選択、そして最終的にハブにおけるグループ化の能力に影響を与える。

表16 ● 試験したコンテナサイズの範囲

コンテナ範囲	重量の飽和	ハブの通過回数	搬送リードタイム	T CO_2	輸送費k€
1	76%	2.25	8:54	45,599	80,223
2	76%	2.22	10:00	45,545	89,279
3	71%	2.24	6:37	47,476	81,838

図53 ● 比較したコンテナ範囲の結果

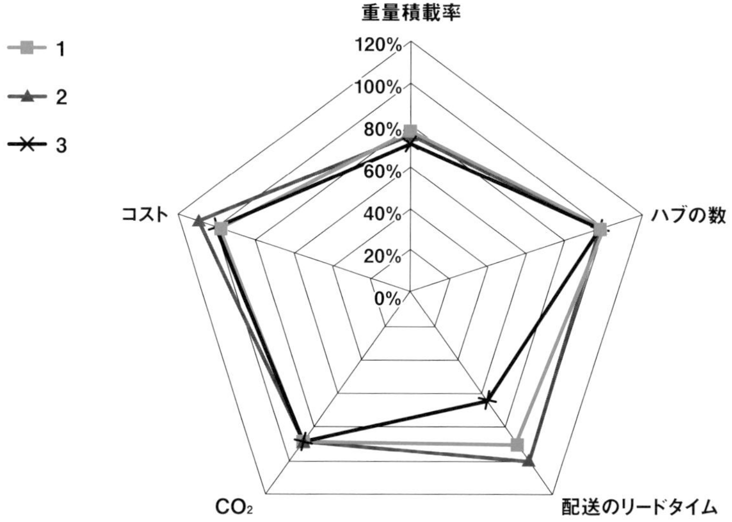

表17は、最も低いロジスティクスコストは、経路決定がコストを最小化しようとするシナリオに対応するものであることを示している。CO_2排出量や納期についても同様である。

図54に示されているように、ロジスティクスコストと配送リードタイムに関して、コスト、排出量、リードタイムをそれぞれ最小化するバリエーション間で比較した場合の差は、すべてのコンテナに適用されるので、大きくはないことに留意したい。すべてのコンテナが緊急の場合、所与の手段ですべてを加速することはもちろん困難である。しかし、同時に、配送リードタイムを最小化する方法とCO_2排出量を最小化する方法の間で、CO_2排出量がほぼ30%削減されることは注目に値する。実際、リードタイムを最小化する変形では、フローを統合する可能性はより少なくなるが、CO_2排出量を最小化する変形では、列車の使用が好まれる。

これらの結果は、異なる基準に従ってフローを管理する経路決定の能力と、CO_2排出量の著しい削減（-30%）はコストの増加（ほとんど安定している）を伴わないが、リードタイムの増加は最小（17%［例えば1時間長く］）のままであることを示す。したがって、ルーティング基準を調整することで、大きな環境上のメリットを実現できる。

フィジカルインターネットの潜在的性能に関する結論

本研究は、フィジカルインターネットの概念に沿って、特定の分野における相互接続ロジスティクスの展開して得られるメリットを初めて探求したものである。本研究では、フランスの小売流通部門の実際のニーズに対応するデータを用いた。これらのデータは、まず、自ら最適化を図るようなネットワークを提案し、次にこのネットワーク内の荷物の輸送をシミュレーションするために使用された。このシミュレーションは、結果に対する関心に加えて、フィジカルインターネッ

表17 ● テストされたルーティング基準の変形

変形型	重量の飽和	ハブの通過回数	配送リードタイム	T CO_2	ロジスティクスコストk€
コスト	72%	2.28	8:44	29,878	91,999
時間	70%	1.66	8:27	33,035	93,860
排出量	72%	2.94	9:53	23,600	94,989

図54 ● コンテナルーティング基準にリンクされた変形の比較結果

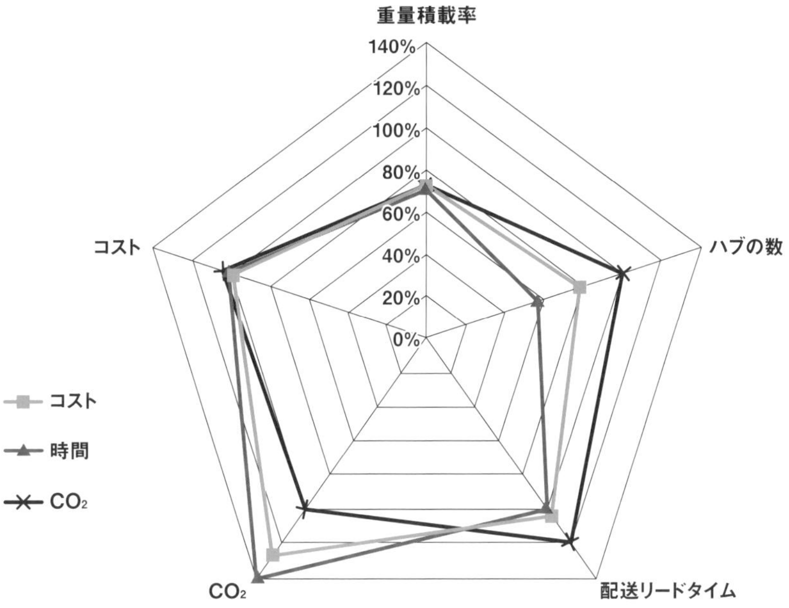

トに関連するプロセスの検討に貢献する機会を提供した。実際、フィジカルインターネットの業務をシミュレートするためには、注文をコンテナ化し、コンテナをルーティングし、ハブの待機ラインを管理し、車輌への積載を最適化するなどのプロトコルとアルゴリズムを検討する必要があった。これにより、相互に接続されたロジスティクスネットワークのオープンなネットワーク、すなわちロジスティクスウェブの運用に必要なプロセスを概観することが可能になった。

継続的な業務の見通しに加えて、この初期の結果は確固たるものであり、かつ有望である。特に3つの理由で、それが決定づけられている。

第1の理由は、「単純な」アルゴリズムにもかかわらず、得られた結果が良好な経済的実現可能性を示し、現行のロジスティクスネットワークと比較して、フィジカルインターネットを介した輸送のコストが4%から26%削減され、物流センターや倉庫のインフラや制限された場所にさえ影響を受けないということである。したがって、現在のインフラを使用しながら、この業界が、フィジカルインターネットに向けて発展していく可能性がある。実際、輸送効率の向上は、ハブ経由の輸送に伴う処理コストを上回る。

第2の理由として、環境の観点から言えるのは、フィジカルインターネットによって生じる量の統合は、配送頻度を減らすことなく、フランスでは温室効果ガスの排出量が非常に少ないとされる大型の電気自動車の使用を可能にするという事実である。

第3の理由は、ステークホルダーがすでに大量の取引を行うために十分に組織化されている分野において、彼らの優位性が達成されていることである。これらの技術は細分化されたセクターや都市部の流通に適用されることによって、さらに強化されるだろう。

この研究は、また3つの重要な理由で励みになる。

第1に、従来型の組織と比較して、ここですでに測定されている大きなメリットは、部分的なメリットにすぎない。数量が限られているので、一部である。それらは、商品の運送の1%以下を占めている（小売流通における食料のフローの14%）。したがって、ボリュームマージンは非常に高くなる。

第2に、フィジカルインターネットの論理は、このプロジェクトの枠組みの中では極限まで推し進められておらず、特に、ハブやオープンな物流センターにまたがって在庫が分割される物流（または供給）ネットワークの完全な総点検までには至っていない。

第3に、この成果が「非同期に」得られたことを強調する必要がある。すなわち、発送者が出荷について相談することなく、より広く導入することが困難である共同配送よりもはるかに低い調整コストでこの成果が得られたことを強調する必要がある。

さらなる改善の余地は、このようなシステムによって必然的に生じるだろう需要の再構築にある。需要の再構築とは、小売業者が供給業者に発注する方法を変えるだけでなく、現地生産や消費者に直接提供されるサービスによってもたらされる新たな流通チャネルの出現を意味する。

しかし、見通しはこれらの結果を改善することに限定されない。反対に、私たちの意見では、これらの結果は、制限されたライブスコープに関してここで得られた理論的結果を検証するために、実際の運用の実現可能性を研究するためのパイロット版の展開が必要となる。このステップとこれらの結果を行き渡らせることは、スマートなモジュール式の物流専用コンテナに向けたユニットロードの進化、ユニットロードを効率的に活用できるパッケージング、輸送、荷役、保管技術、そしてそれを可能にするインフラを実現できる主なステークホルダーに情報を提供するのに役立つであろう。

したがって、フィジカルインターネット・イニシアティブの次の課題は、すでに開始されたプロジェクトや今後予定されているプロジェクトに加えて、ステークホルダーの誰もが単独では考えられないような解決策に到達することができる、開かれたイニシアティブの中で努力を結集することである。

したがって目指すべきは、共通のニーズや障害を、膨大な数の個人、企業、組織、政府とともに大きな規模で共有する方法を見つけ、ハードルを乗り終えるためにそれを役立て、ニーズに取り組み、相互に接続し合うロジスティクスの新しい時代をともに形作っていくことである。

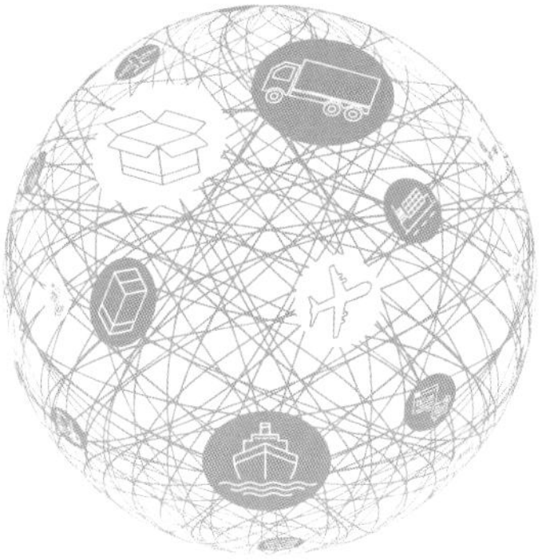

第4部

Part 4

現在のプロジェクトと展望

本研究の主題は壮大であり、完結にはほど遠いので、その挑戦と克服すべき課題を理解するためには、技術、経済、法制度などの面から、さらなる研究が必要である。ここに示す概要には、著者が取り組んでいる研究を含んでいる。

これらのプロジェクトは、特定の構成要素の設計、または障害の除去を目的とした試行のいずれかに焦点を定めている。プロジェクトは地理的ゾーン（例えば、フランス、ヨーロッパ、カナダ、アメリカなど）ごとに提示される。このプレゼンテーションでは、国際イニシアティブのさまざまなステークホルダー、さらに研究の展望も示している。

16 問題の明確化と検証

第3部で紹介したプロジェクトは、当然のことながら、問題を検証するための初期の取り組みである。しかし、このシステムにはグローバルな使命があるため、他の地域でも並行してプロジェクトが実施されている。つまり共通する課題であることを確認しており、各チームは異なる状況で異なるアプローチを取りながら研究を進めている。

米国の課題を探るプロジェクト

CELDi（Center for Excellence in Logistics and Distribution）ラボは、アーカンソー大学、オクラホマ州立大学、バージニア工科大学、カリフォルニア大学バークレー校、クレムソン大学、ミズーリ大学の米国における産業工学・物流分野の主要6大学の研究者を結集した研究共同体である。また、この研究センターは多くの企業と提携している。

フィジカルインターネットの問題を研究するため、ラッセル・D・メラー教授は、フィジカルインターネットの考え方を索引する企業のコンソーシアムを設立した。企業のロゴを次ページに示す。このプロジェクトは、全米科学財団（NSF）と参加企業からの資金援助を受けている。

■国際的課題

このプロジェクトの主な目的は、ブノア・モントルイユが「国際物流の持続的可能性への大きな挑戦（Global Logistics Sustainability Grand Challenge）」（Montreuil、2011）の中で検討した課題について、

図55 ● 米国のイニシアティブへの産業界の参加企業

米国の事情の中で参加企業と検討することであった。

米国では、経済規模が大きいため、物流企業が生み出す経済的価値は年間1000億ドルと推定されるが、そこには大きな非効率性と重大な環境への影響があるとされる。運輸は、米国で2番目に大きな温室効果ガスの排出セクターである。

道路貨物輸送は、2007年に1億1500万立方リットルのディーゼル油（道路統計年報、1995-2008、2009）を消費した。加えて、1990年から2008年の間に、貨物の道路輸送に関連して排出されたCO_2は、排出量を減少させるという社会的圧力にもかかわらず、14.9%増加して5億1700万トンとなった（温室効果ガス排出量および吸収量、1990-2007、2009）。

米国でも、輸送システムは広く細分化が進んでおり、輸送されたフローのほぼ4分の3が、一人の顧客にアサインされた運送業者によって運ばれている。連邦統計によれば、そのことが米国の輸送の実態、すなわち重量キャパシティで見れば使われているのは60%未満、全貨物輸送の20%から30%は荷台が空の状態であり、全体の輸送効率が43%しかない要因になっている。コンソーシアムの参加企業は、業界平均を上回ってはいるものの、彼らの輸送手段の全体的な使用率は50%と測定されており、これも改善の余地が大きい。この流れの中で、プロジェクトメンバーは、フィジカルインターネットが自らの業務にどの

図56 ● フィジカルインターネットの導入に応じた積載率の改善と距離の短縮
（CELDiの許可を得て掲載）

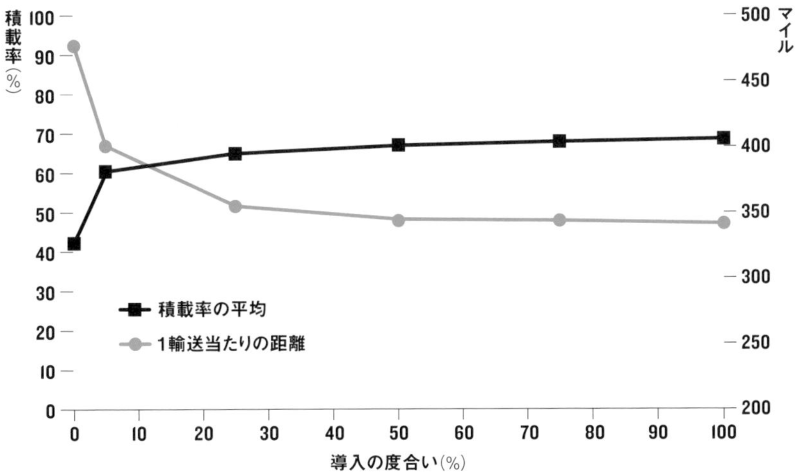

程度役立つか、さらに関連する問題を検証した。彼らは、もしフィジカルインターネットが米国の全物流フローの25%で展開されれば、その影響は1000億米ドル（約11兆円）の節約と2億トンのCO_2排出量の削減を意味し、長距離重量物運搬車輌のドライバーの離職率は75%減少するという結論に達した。ドライバー不足は、北米ではとりわけ深刻な課題だ。長距離を運転するために、ドライバーは1回当たり数週間、家から離れなければならない。

■展開率によるネットワーク性能の変化

この潜在的なメリットの推定に加えて、参加企業は、消費財の製造業者、ロジスティクスサービスプロバイダーおよび小売業者にとってフィジカルインターネットが何を意味するかを理解してこのテーマを前に進めようとした。

図57 ● フィジカルインターネットの採用率によるトラック運転手の時間利用への影響
（CELDiの許可を得て掲載）

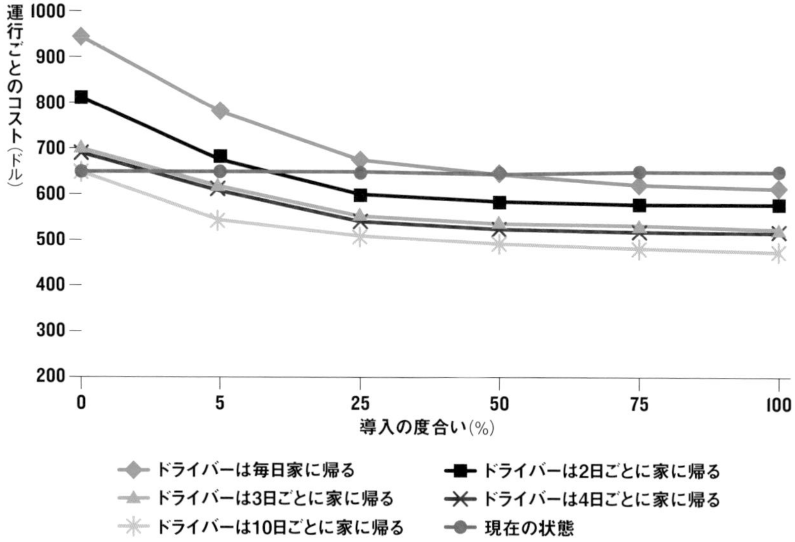

フィジカルインターネットへの移行の実現可能性を調べるために、導入が進むことを想定し、最も適切な指標に焦点を定めたモデルが作成された。

第1の指標は、貨物輸送の効率性であり、ここでは積載率と輸送の長さによって測定される。

第2の指標は、トラック運転手が毎日、車輛基地に戻る確率を測定することにより、より良い労働条件を提供する可能性を調べた。

モデル化は、積載率と空荷走行の改善が期待される結果を示しただけでなく、予想外にも、これらの消費財について、オープンな物流ネットワークを最適化すれば、商品を購入しそうな消費者に、より近い場所に在庫が配置されることが明らかになった。

図58 ● ロジスティクスネットワークの比較（CELDiの許可を得て掲載）

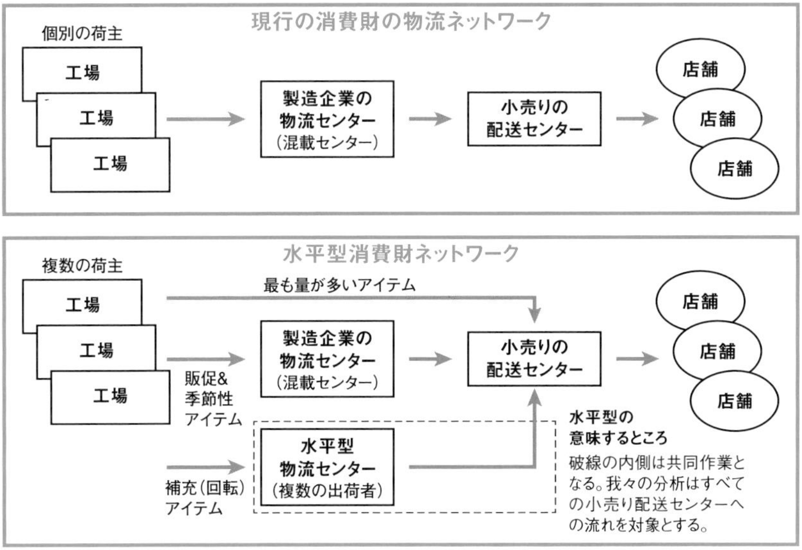

そのため、製造業者にとっては、現在の集中型ストックモデルからフィジカルインターネットモデルに移行することで、より多くの共有保管場所をより顧客に近い場所に設けることになる。近接性により、共有ネットワークは、顧客にとっての利便性を高め、サービスの向上につながる一方、コストを低減する。

また、低価格品について、トラック1台を満載で運んでコストに合う発注量だったビジネスモデルが、パレット1つ分程度の少ない発注量でもコストに合うようになり、売り場での在庫も抑えられる。結果として短距離輸送が長距離輸送に取って代わり、在庫の場所が顧客に一層近くなることで、輸送はより計画的、より高頻度になる。

もう1つの意外な結果は、貨物輸送の持続可能性の改善である。このようなネットワークへの変化は、異なる輸送機関の組み合わせも可能にする。実際には、在庫を顧客の近くに配置することで、工場とオープンな物流センターの間という物流の上流では、定期的な輸送手段を利用することも可能になる。最後に、業界のステークホルダーは、現在のハブアンドスポークのネットワークモデルからリレーネットワークで構成されるモデルへの移行が必要であるとの結論に至った。この構造は、トラック運転手の拘束時間を大幅に短縮することを可能にし、運転手の離職を抑え、さらに重要なことに、ドライバー不足のリスクを減らすことになるだろう。

■ステークホルダーの課題

これらの戦略的な評価は、サプライチェーンのさまざまなパートナーにとってウィン・ウィンの状況を示唆している。

- ▶ロジスティクスサービスプロバイダーにとって、フィジカルインターネットは、複数の荷主間で共有されるリレーネットワークを構築する機会を提供し、資源をより有効に使用することができ、したがって追加の収益、手頃な価格でのより良い顧客サービスおよび安定した人員確保への道を開く。
- ▶荷物を送る側にとっての課題は、自らの顧客にとって不経済となる出荷量の低減を提案することだが、リードタイムの削減と配送頻度の増加によって、これは在庫削減だけでなく顧客サービスにも役立つはずである。
- ▶小売業者は、より頻繁で信頼性の高い配送を目にするようになり、在庫と品切れを同時に減らすことが可能となり、顧客とチェーン全体に利するものとなる。

どのようにすればこうした好循環が始まるのか、始めるためには何が必要なのか。フィジカルインターネットを展開するための多くのアプローチが検討されている。古典的なものから、トップダウン、ボトムアップのシステム、ロジスティクスサービスプロバイダーによるイニシアティブの展開までさまざまである。どのような場合でも、フィジカルインターネットを確立し、ネットワーク効果を活用するためには、クリティカル・マス（一定の規模）が必要である。研究者たちは、少なくとも「リトルバン」（「ビッグバン」と比較して）と称している。

この道筋を継続するために、このプロジェクトでは、2年間の作業の後、2012年末に主要な未解決の問題に対処するための試験用スキームを決定した。これらの問題が解決されれば、残りの障壁を取り除くための好循環が始まるのに十分な可能性がある。この作業はまた普及するのに十分魅力的なシナリオを創り出し、プロジェクトの新たな段階に新たな参加者が加わるだろう。したがって、シナリオは、それぞれのタイプのステークホルダーに向けたものとなる。

以下では、米国で確立されたシナリオのうち、コンテナサイズとその積載率について検証していく。

並行して、カナダでは利便性を測定する2つのプロジェクトが実施された。

カナダでの実地調査プロジェクト「フル積載モビリティウェブ（Full load mobility web）:ケベック調査」

このプロジェクトは、2012年4月に開始され、2014年末に完了する予定である。主導するのは、ケベック州ラヴァル大学のブノア・モントルイユのチームであるCIRRELTだ。目的は、エネルギー、経済、環境および社会的利益の可能性を推定し、特に道路上の車輌数への影響を推定することである。その推定は、道路輸送業界によるモビリティウェブを活用したシミュレーションに基づいている。モビリティウェブは言い換えるとオープンで相互接続された輸送ネットワークであり、カナダのケベック州では、フル積載型セミトレーラーにおける貨物輸送の実施に関連するフィジカルインターネットによって、フル積載が可能になっている。このシミュレーションは、現在の実態と、フィジカルインターネットに従った実践とを比較するために開発された。

■問題点

開発したシミュレーターは、セミトレーラーを用いた相互接続されたオープンな貨物輸送ネットワークであるモビリティウェブを表しており、数週間のシミュレーション期間にわたって数十万台のセミトレーラーが行き交う数千の施設で構成される。導き出される仮想環境は、特定の生産現場、輸送業者および輸送現場などでの膨大な相互作用を再現する、複雑でダイナミックなシステムである。それぞれは、変化する環境に彼らの決定を適応させる意思決定事業者によって管理される独立して自律した実体として動く。

1つのモデルは、すべての輸送要求、セミトレーラートラクター、運転者、運搬者、注文顧客、輸送センター、道路および道路のセグメント、都市および意思決定者を明示的にシミュレートし、その決定はモビリティウェブの流れの中で適切であるとする。さらに、このシミュレーターは、ケベックの実際の人口統計、インフラおよび経済に基づいて使用することができる。これにより、シミュレーション中にデータを取得し、そのデータを出力データベースに転送することで、シナリオとそのバリエーションをエネルギー、環境、経済、社会の観点から評価できる。

別のアプリケーションでは、この結果を利用して、選択した成果指標を計算し、ダッシュボードの形式で表示する。これにより、シナリオをダイナミックに分析することが可能になり、全体的なダイナミックな動きと主要なステークホルダーのダイナミックな動きの提示が容易になる。

図59 ● モビリティウェブシナリオにおける道路インフラと輸送センターのネットワーク
（CIRRELTの許可を得て掲載）

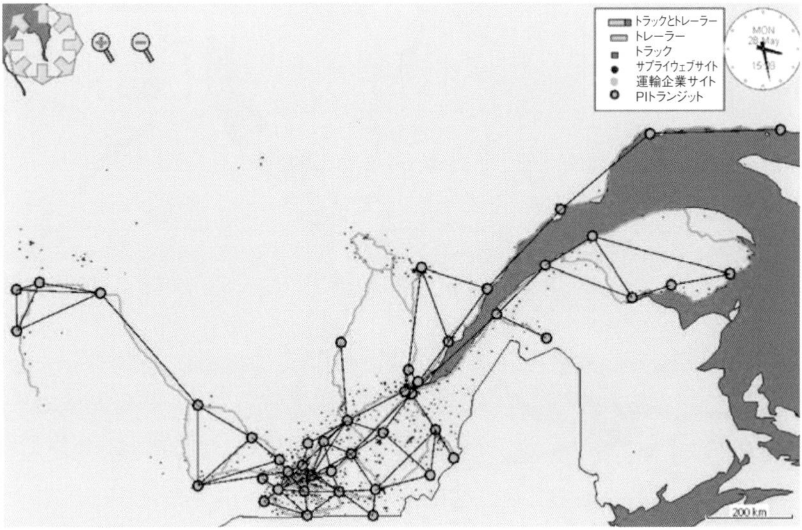

見方によっては、このプロジェクトは、アーキテクチャや使用するシミュレーションツールの点ではPreditプロジェクトと非常に似ているが、すべての輸送関係者と彼らがカバーする範囲を詳細にモデル化することを意図しており、実際は明らかに異なっている。また、実際のフローのデータも使っていない。

シミュレーションの意思決定プロセスが正しく機能するために必要な情報と同様に、道路網、事業所、運送業者、主要ルート上の道路のフローおよび企業とシミュレーション事業者の行動が、シミュレーターへのインプットとして使用される。このインプットは、シナリオの機能面と環境面を生成する。これらの側面を定義して、シミュレーションにおける事業者とステークホルダーの正しいプロセスと動きを選択することで、シミュレーション中の作業方法を選択することが可能

図60 ● モビリティウェブのシミュレーションの図（CIRRELTの許可を得て掲載）

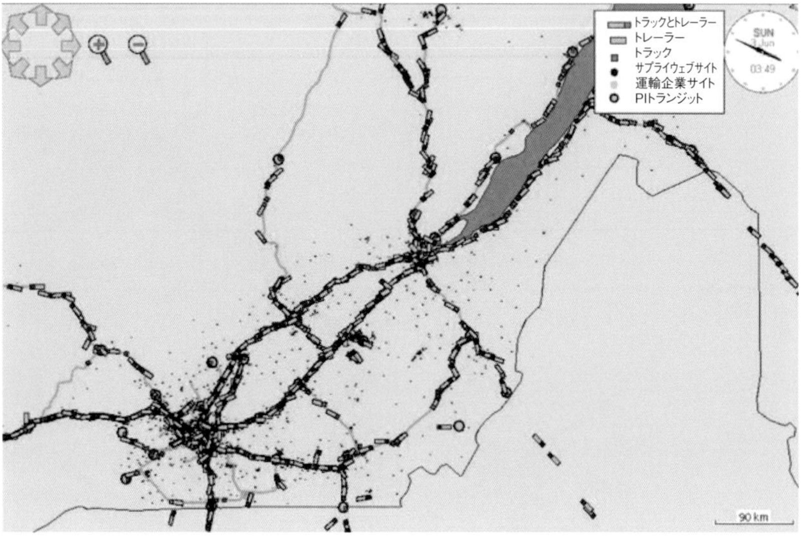

になる。

モビリティウェブの作成においては、輸送センターの開放性が問題となる。輸送センターは、関連コスト、隣接する輸送センター間の距離、発送人と受取人の施設の分布および顧客の集配区域エリアに応じて、ケベック州全体の重要なロケーションに分散されている。

■ セミトレーラーモビリティシナリオ

ネットワーク上で収集されたこれらの情報とフローは、シミュレーションデータベースに送信され、シミュレートする環境を再現するために必要な機能的、環境的、構造的データベースの作成に使われる。シミュレーターに運送リクエストが到着すると、運送業者が提供するサービスを使用して、出荷施設と受入施設間の搬送を実現するために必要な一連のイベントおよび処理が惹起される。シミュレーターは、結果および性能分析に関連するすべてのイベントをデータベースに記録する。

これらのシナリオは、現在のロジスティクスの運用といくつかのフィジカルインターネットのシナリオとを比較する手段を提供する。比較の結果は輸送手段を備え、プライベートなサブネットワークを持つことが可能か否かを判断する材料となる。

このプロジェクトの結果をPreditで得られた結果と比較することができれば、非常に興味深い。

フィジカルインターネットが可能にする「開かれた物流ネットワーク」を利用することで、個別の製造業者が得るエネルギーと環境面の利益、その可能性を推測する

このプロジェクトの目的は、オープンな物流ネットワークを活用して、工業製品を生産する会社の潜在的なエネルギー、環境、経済的利益を推計することである。そのネットワークは、言い換えれば、現在の物流慣行（運搬・荷役・保管）に沿って、相互接続された輸送・保管サービスの開かれたネットワークである。

プロジェクトは、2013年4月に開始され、2013年8月に完了した。CIRRELT内ではケベック州ラヴァル大学のブノア・モントルイユのチームが主導した。

■アプローチ

このプロジェクトは、カナダと米国にインターネット経由で提供しているEコマースの顧客（アマゾン・ドットコム およびウォルマート・ドットコム）が販売する家具を製造するサウスショア（Southshore）の

図61 ● シナリオ0（CIRRELTの許可を得て掲載）

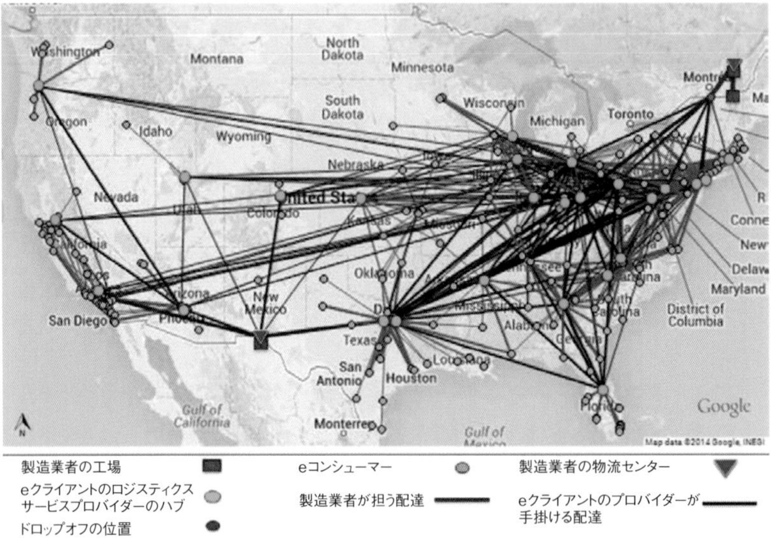

事例に基づいている。プロジェクトチームは、異なる物流シナリオが製造業者の経済的、環境的、社会的パフォーマンスに及ぼす影響を推定した。この研究では2つの解決策を比較する。1つはエネルギー消費（TPE/年）やCO_2排出量の削減などでよく知られた指標を使用した解決策、もう1つは積載率に従った解決策だ。

プロジェクトの期間中、研究チームは、潜在的なエネルギー節約と環境上の利益を推計するためのシミュレーターをデザイン、開発、検証した。チームは次にロジスティクス活動が現在の物流業務と異なる4つのシナリオを分析した。現状（シナリオ0）、ネットワーク内の輸送（シナリオ1）、ネットワーク内の流通（シナリオ2）、相互接続流通（シナリオ3）である。このプロジェクトは、各シナリオにおける事業者の意思決定モデルを形式化し、シミュレーションの中に、各シナリオに

図62 ● シナリオ1（CIRRELTの許可を得て掲載）

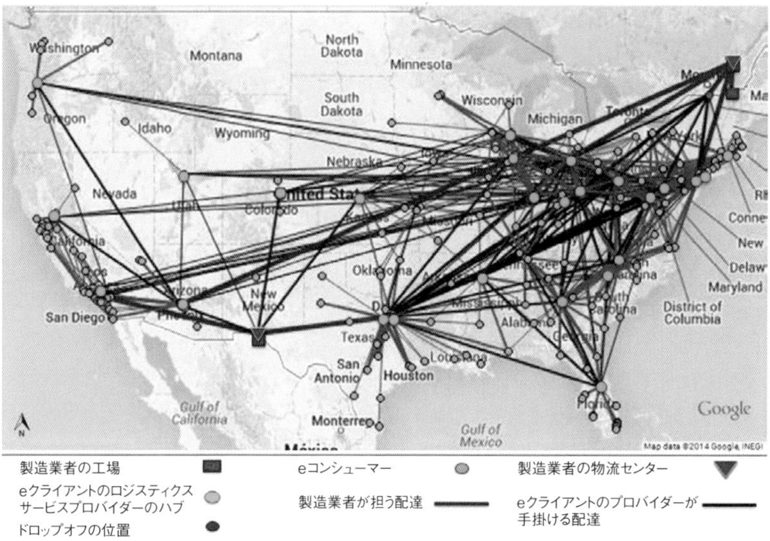

対する発見的解決法を導入して活用した。

シナリオ0は、製造業者が過去数年間に使用した物流モードを再現している。同社はケベック州とメキシコの工場で別々のカテゴリーの家具を製造し、ケベック州とテキサス州にある同社の物流センターでそれぞれ保管している。製造業者は、顧客から注文を受けると、その製品をグループ化し、セミトレーラーで顧客が決めたロジスティクスサービスプロバイダーが運営するハブまたはデポに出荷する。このハブまたはデポは一般的に、運送先の国の顧客にできるだけ近い場所にある。その後、製品はこのハブから輸送する顧客のロジスティクスサービスプロバイダーに引き継がれる。

シナリオ1では、顧客が最初に選択したローカルハブに製品を輸送するのではなく、製造業者は、まずトラックを満杯にした状態で国境を

図63 ● シナリオ2（CIRRELTの許可を得て掲載）

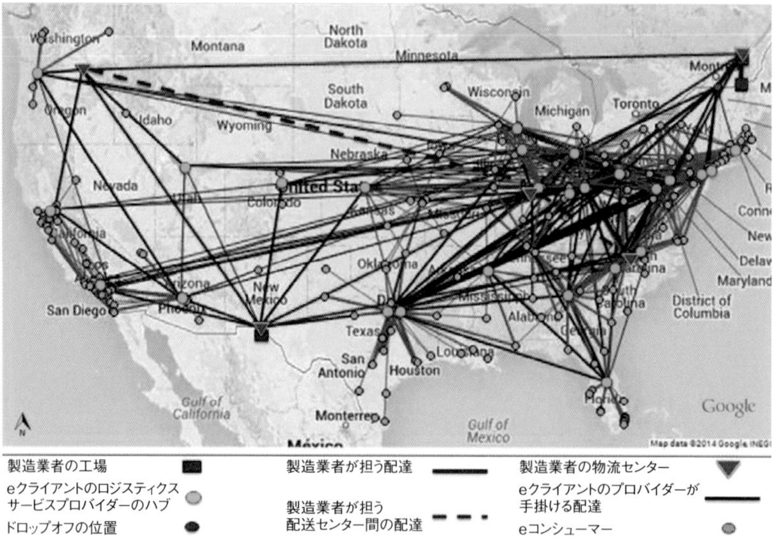

越えて輸送する目的で、製品を一時的に保管する。シナリオのバージョン1.1では、各物流サービスプロバイダーについて単一のハブに向かうトラックに製品がまとめられるが、バージョン1.2では、すべてのサービスプロバイダーが統合され、例えば、トラックがケベックを出発してカリフォルニアのFedExハブに配達し、その後残りの貨物を同じ州のUPSハブに配達することができる。

シナリオ2は、製造業者が米国およびカナダの各地に割り当てられた物流センターの、より広範なネットワークを運営することを可能にすることにより、製造業者が使用する物流センターのネットワークを大きく変革するものであり、製造業者はこれらのセンターをレンタル、設置または入手する。現在の工場で製造された製品は、まとめられてネットワークの物流センターに輸送される。各センターへの輸送量は、

図64 ● シナリオ3（CIRRELTの許可を得て掲載）

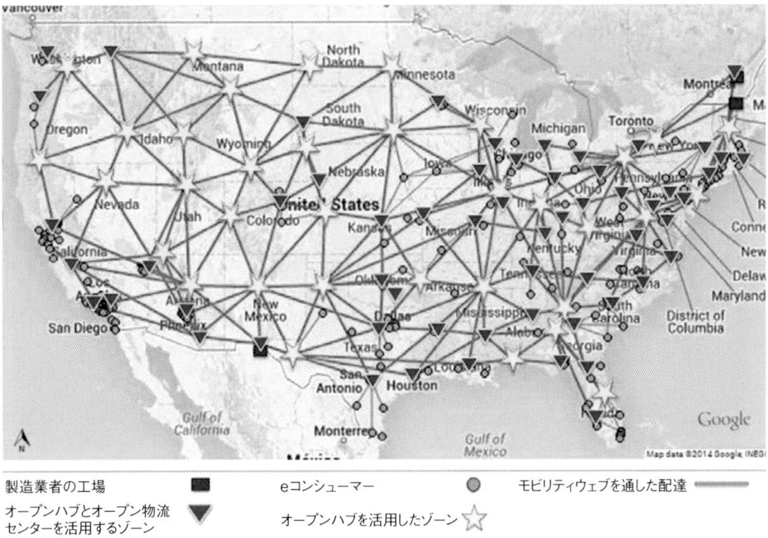

各施設周辺地域の実際の需要に基づいてダイナミックに最適化される。

シナリオ2では、消費者からの発注を受けて相互接続された輸送を利用する。このアプローチでは、消費者の注文を受けると、その製品の在庫を確認し、最速の出荷が可能な物流センターから、顧客の指定されたロジスティクスサービスプロバイダーのネットワークを使って、優先的に配送される。相互接続された輸送では、ネットワーク全体に広がるバッファ在庫を利用する。これは、大多数の企業が現在行っていることと対照的である。すなわち、すべての消費者に所定の物流センターから届けるために、地域ごとに1セットのバッファ在庫を物流センターで保管し、センターに在庫がない場合、消費者ではなく、物流センターが製品の在庫を受け取る。この方法は遅延の原因となる。

3つ目の最後のシナリオは、より広い範囲に確立されたフィジカルインターネットに基づいている。製品はもはや箱に入れて輸送、保管、配送されるのではなく、フィジカルインターネットの標準的なモジュール式スマートコンテナに入っている。大規模でオープンなモビリティウェブが張りめぐらされ、各荷主は荷物をまとめて出荷する必要はなく、コンテナで効果的に輸送できる。広大でオープンな物流ウェブも整っており、荷主のモジュール式コンテナが製品をカプセル化し、域内で数百あるオープン物流センターに、意のままに配置できる。

このシナリオでは、製造業者は、需要が旺盛な地域に近い複数のオープン物流センターに、モジュール式コンテナをダイナミックに配置する。彼らは物流センターを所有も賃借もしておらず、必要に応じて利用し、提供されたサービスごとに料金を支払う。彼らは、工場や、余剰がありそうな周辺センターから必要な製品のコンテナを輸送し、今後数日間に予想される需要レベルに応じて各センターが保有する数量をダイナミックに調整する。物流ウェブにより、市場の近くで製品を流通させることができ、しかもモビリティウェブのおかげで、荷物がまとまらなくても動かせるという事実とが相まって、より素早く、経済的にすぐに要求に応えて実行に移せるという効果が生まれている。しかも、エネルギー利用と環境への負荷を最小限に抑えている。

■重要な結果

プロジェクトのシナリオのシミュレーション結果を分析したところ、次のような全体的な結果が得られた。

- ▶相互接続の物流シナリオで、約束どおりに配送された場合の積載率が、当初の81.4%から97.8%に増加した
- ▶シナリオ0で評価した現在の手法と比較して、シナリオ1.1の輸送ネットワークで17%、シナリオ1.2の輸送ネットワークで16.8%、シナリオ2の物流ネットワークで34.6%、シナリオ3の相互接続物流で46.4%のエネルギー（年間何百万リットルものディーゼル燃料）と環境便

図65 ● シナリオ別のエネルギー使用量の比較
DCは物流センターを表す（CIRRELTの許可を得て掲載）

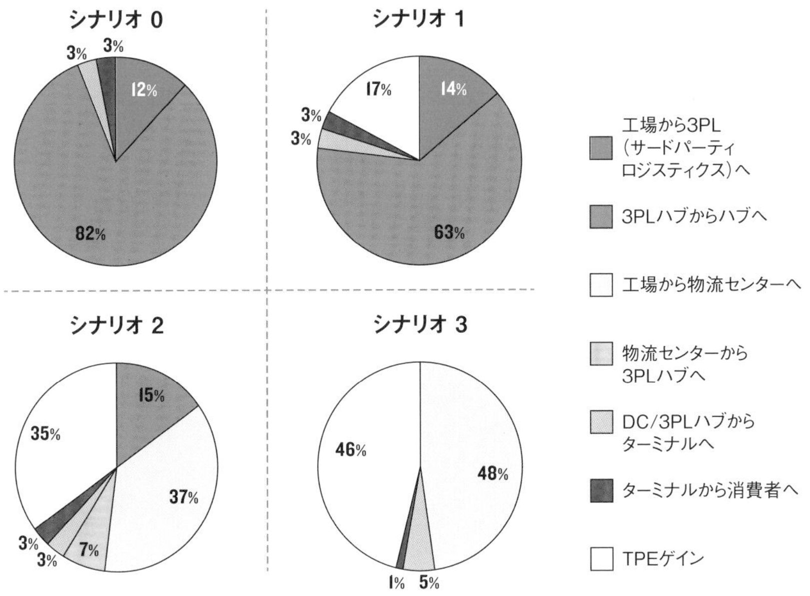

益（TPEの年間温室効果ガス排出量）があった

- ▶現在のコストと比較して、シナリオ1.1の輸送ネットワークで31.2%、シナリオ1.2の輸送ネットワークで30%、シナリオ2の物流ネットワークで33.8%、シナリオ3の相互接続流通で68.9%の輸送コストの減少があった
- ▶物流センターの運営や利用を含む物流の総コストの削減は、シナリオ1.1では21.5%、シナリオ1.2では20.7%、シナリオ2では15.5%、シナリオ3では42.8%である

図65は、シナリオ0を100とした場合のエネルギー節約を示す。

消費財の枠組みにおける欧州プロジェクト : Modulushca

このプロジェクトは第7次PCRDの資金援助を受け、ドイツのPTVグループが調整しており、多くの産業界（プロクター＆ギャンブル、Chep、Jan de Rijk Logistics、ポステイタリアーネ）や学術界のパートナー（グラーツ工科大学、ベルリン工科大学、カナダ・ラヴァル大学、スイス連邦工科大学ローザンヌ校、パリ国立高等鉱業学校）、ポーランドのILIMやスペインのITENEなどの研究センター、専門サービス企業（Kirsen Global SecurityおよびMeware SRL）が参加している。

この大規模な共同体の目的は、フィジカルインターネットおよび相互接続されたロジスティクスサービスネットワーク、特に消費者向けパッケージ商品（CPG）供給ネットワークの潜在的な視点を検討することである。この分野は、BtoBとBtoCの両方の取引を含み、大量かつ需要が高いため、特に興味深い分野である。このプロジェクトは2013年末に開始され、3年間にわたって実施された。このプロジェクトでは、物理的なレベルで必要とされる変化、情報システムおよびプロセスの3側面に焦点を定めている。当初は、当然ヨーロッパが中心だったが、このプロジェクトには「姉妹」であるカナダのプロジェクトが加わり、ロジスティクスに関する北米の視点を研究に持ち込んだ。

このプロジェクトの目的は、スーパーマーケットの小売製品に関して、相互接続の増加に向けたサプライチェーンの最初の変化によって達成できる利益を実証することである。これは主に、工場から川下の顧客まで追跡できるモジュール式コンテナの小さなセットを導入することの影響を評価するものだった。フランスのPreditプロジェクトがそうであったように、マクロ問題の視点を持つだけでなく、産業パイロット試験で技術的な解決策もテストする。したがって、本プロジェクトの最終目的は、物流ネットワークの相互接続が、空荷の車輛の走行距離の削減（現在ヨーロッパでは25%）および車輛の積載率の向上（現在ヨーロッパでは42.6%）に貢献できると実証することである。

プロジェクトは、いくつかの作業パッケージに分かれており、以下に示すように、課題の測定に重点を置いたものと、解決策のデザインに重点を置いたものがある。

■ PIのコンセプトと欧州におけるCPG物流のニーズとの比較

フィジカルインターネットによって提唱されたビジョンは、多くの会議で伝えられてきたが、産業界によって実現された具体的な仕事はほとんどない。ワークショップにおけるワークパッケージの1つの目的は、この分野でフィジカルインターネットを実装し開発するための運用上のアクセルとブレーキを正確に理解することである。この概要を使用して、2030年へのビジョンとロードマップを検討する。

■ 欧州サプライチェーンの課題の評価

汎ヨーロッパレベルでCPGサプライチェーンをモデル化する目的は、現在の状況から相互接続ロジスティクスの目標状況までの連続的な修正シナリオをレビューすることにあった。これを達成するために、Modulushcaは、マルチモーダル（複合輸送）の側面と、生産ラインからスーパーマーケットの棚までのサプライチェーンによって要求されるさまざまなレベルの取り扱いを考慮したフロー評価方法を検討する。このトピックに関する最初の成果は2014年に期待されている。

■ 集中的プロジェクト

フィジカルインターネットの注目されるべき1つの側面は、普遍的な適合性を持っているということだ。カナダ発のこのアイデアは、世界で最も人口密度の低い国の1つにしか適用できなかったのだろうか。それとも人口密度の高いヨーロッパにも当てはまるのだろうか。そして、アメリカではどうか。

したがって、異なる地理的ゾーンで、異なるロジスティクスシステムと条件の下で、複数のチームが行った研究は、確実につながっていた。さまざまなチームが取り組んだが、似通った結果に達したことは確かである。

たとえば、フィジカルインターネットシミュレーションモデルと汎ケベックウェブに関する研究は、特定のツールを共有していたが、経路決定のアルゴリズムと地理的およびフローのベースは非常に異なっている。また、米国で作成されたモデルは、先行研究とはほとんど別個に実施されているが、性質が非常に異なっているからこそ、ケベックとヨーロッパで実施された研究を補完するものとして有用である。

これらのプロジェクトの結果は、それぞれ少しずつ異なっているが、関係するステークホルダーがフィジカルインターネットの適用可能性をより確信している点で共通している。そのため、フォローアッププロジェクトを継続し、試験を開始したステークホルダーもいる。

17 試験の実施、障害の除去

2010年以来、フィジカルインターネットというテーマは、Preditの枠組みの中で、フランスのエコロジー・持続可能開発・エネルギー省の研究・革新理事会の支援を受けてきた。最初の探索的研究プロジェクトの結果、研究プロジェクトと同様に産業に関連して他の2つのプロジェクトが始まった。

さらに、欧州と北米のレベルでは、2つのプロジェクトにより、フィジカルインターネット検証の他の側面でも進展が見られた。それは、コンテナはどのように満たすべきか、消費者向けパッケージ商品にはどのようなコンテナが必要かというものである。

これらの各プロジェクトは、プロジェクト参加者にとって具体的な成果を達成することと、フィジカルインターネットの全体的な議論を進めることの両方を目的としている。

最初のプロジェクトは、米国で実施され、製品とコンテナの多様性が積載率および車輛自体の積載率に与える影響を計算することを目的とした。

時系列では、フランスで実施された事業は、以下のとおりである。最初のプロジェクトであるOTC-KAYPAL®MRは、既存の物流コンテナを使い、オープンループと関連するアプリケーションでの個々のトレースの実現可能性の研究に取り組んだ。第2のプロジェクトであるCRC®Servicesは、最初の協調型ルーティングセンターの試験を目的としている。これは最初の本格的なルーティングデモンストレーターである。最後のプロジェクトは効率的なハブに不可欠な、仕分けと荷役のシステムを研究するものである。

最後に、Modulushcaプロジェクトにについて述べる。彼らは課題を検討するとともに、消費者向けパッケージ製品のニーズに合った最初の小型のコンテナセットをデザインしようとしている。

展開の最初の障害:個々のコンテナの積載率

ラッセル・D・メラーのチームが米国で実施した研究では、次のような重要な問題が取り上げられた。すなわち、利用可能なモジュール式コンテナのサイズの種類が減っても、個々のコンテナ内のスペースが失われるリスクはない。全体の効率性も保たれるのではないか？

この問題を研究するために、全米科学財団(NSF)が一部資金を提供しているプロジェクト[注1]は、現在市販の包装に詰められている一連の消費者包装商品(一次包装)、次に運送用に箱詰めされた商品(二次包装または外装)を調べていった。種類は豊富で、一次包装サイズに加えて、二次包装ごとに要求される商品のユニットの数がさまざまで、すべての小売業者が受け取る二次包装サイズは数百に及び、ほぼ大規模な消費者消費財メーカーの数だけある。もちろん、パッケージサイズのこのような急増により、これらの二次(該当する場合は三次)パッケージサイズ間にモジュール性は存在しない。

この状況は、二次パッケージ(空気なし、製品自体が積荷の構造的安定性を提供するため、状況によっては必要)に詰めること自体が目的となり、それでサイズが最適化されるために発生する。しかし、パレット上で製品を混合すると、パレットの積み重ねが難しくなり、不安定になり、使えるパレットの量が少なくなる。

フィジカルインターネットは、モジュラー式コンテナを使って、この状況を解消することを推奨する。その場合、プロジェクト内では変更されないとされていた一次パッケージは、各最適化シナリオで提案

図66 ● 包装サイジング手法との比較（CELDiの許可を得て掲載）

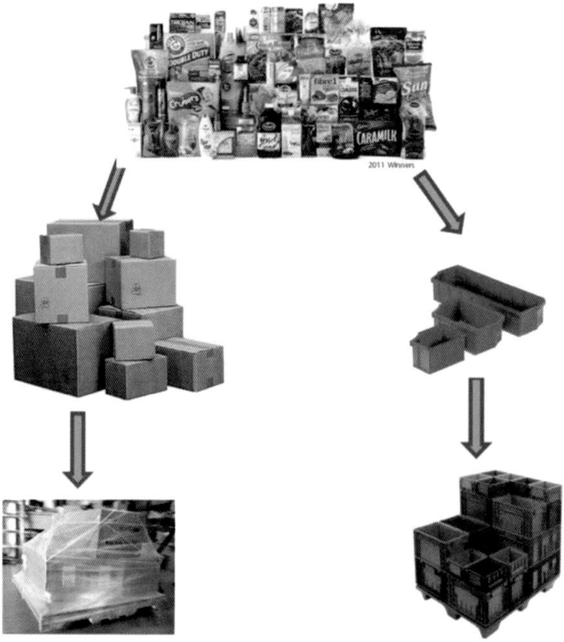

されたフィジカルインターネットコンテナのセットで最適に配置されなければならない。しかし、コンテナ同士は、スペースを失うことなく配置されている。上の図は、2つのアプローチを示している。

そこで検討された問題は、ある製品セットとモジュール式コンテナを考えた場合、どのような包装サイズのアプローチが空間の全体的な利用を最適化するかということである。

プロジェクトでは複数のデータセットを検討し、それぞれに数百の二次パッケージの選択肢があった。モジュール式コンテナのアプローチでは、研究者らは**表18**に示す候補寸法に従ってサイズの組み合わせを行った。これらの候補となる寸法の選択は432通りの組み合わせにな

表18 ● 1.2 m×1.2 m× 2.4 mまでのモジュールの寸法候補（CELDiの許可を得て掲載）

倍数	x	y	z
1	1.2メートル	1.2メートル	2.4メートル
2	0.6メートル	0.6メートル	1.2メートル
3	0.4メートル	0.4メートル	0.8メートル
4	0.3メートル	0.3メートル	0.6メートル
5	0.24メートル	0.24メートル	0.48メートル
6	0.2メートル	0.2メートル	0.4メートル
7			0.34メートル
8			0.3メートル
9			0.27メートル
10			0.24メートル
11			0.22メートル
12			0.2メートル

るが、チームによって実行された最適化プログラムは、常に20以下の異なるサイズのコンテナが推奨される結果となり、それは、集荷やコンテナの混載の管理を容易にするだろう。

最適化アルゴリズムを用いて行った研究は、製品を包装し、パレットにこれらのパッケージを積み重ねる現在の方法と比較して、約10%のボリュームの付加が可能であることを示した。実際には、モジュール方式がケース・レベルでは「負け」ているが、(Mellerら、2012) が以下に示すように、パレットレベルではこの初期損失を補償するので十分「勝ち」である。次の**表19**は、現在の量と採用された量との間に-/+x%を加えることによって、二次包装の構成に柔軟性を与えている。

すべての現在の制約を考慮すると、本研究は、ほぼ10%の全般的な利益を実証した。もちろん、そもそもの包装をフィジカルインターネ

表19 ● コンテナ包装の消費単位数の変化による充填率（CELDiの許可を得て掲載）

変動	現在のシステム			モジュール式コンテナ		
	ケースあたりの品目	パレットあたりのケース数	パレットあたりの品目数	コンテナあたりの品目数	パレットあたりのコンテナ数	パレットあたりの品目数
±10%	88.9%	69.5%	61.7%	67.9%	100%	67.9%
±25%				68.4%	100%	68.4%
±50%				69.8%	100%	69.8%
±100%				70.0%	100%	70.0%

ットの考え方、そしてコンテナのサイズに基づいてデザインすれば、はるかに大きい利益が見込める（理論上は最大40%）。

ハブデザインの探索：マテリアルハンドリング産業が支援するプロジェクト

フランスのOpenFretプロジェクト、米国のCELDi、カナダのCIRRELTに続いて、特に3Dモデリングを使用して、ハブをより詳細に設計する目的で、北米でプロジェクト[注8)]がまとめられた。物流会社を中心とした業界団体であるマテリアルハンドリングインダストリー（Material Handring Industry）の支援を受けている。

本プロジェクトでは、道路交通（トレーラーまたは移動コンテナの交換地点）ハブや、多くの異なる企業が同時にクロスドックのように機能する物流ハブなど、いくつかのタイプのPIハブの解説を試みた。道路/鉄道ハブについては3Dモデリング手法を採用している。

次の**図67**は、道路ハブのレイアウトを示している。このハブは、トラック（「トラクター」とも呼ばれる）およびトレーラーを受け入れた後、所定の領域にトレーラーを停める。この操作が完了すると、トラ

注8）詳細はGrant Nos. IIP-1032062 and IIP-1031956.

図67 ● 輸送センターのデザイン例（CELDi、CIRRELTの許可を得て掲載）

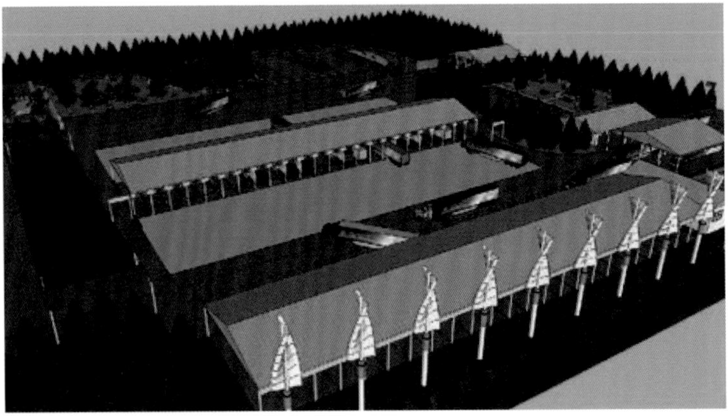

クターがまだ業務中の場合は、別のトレーラーが待機している別のエリアに割り当てられる。

このタイプのハブは、主に、ドライバーの数を抑え、長距離輸送を短縮することを目的としている。こうした施設があれば、運転者が基地の近くに住みやすくなる。この点は、長距離ドライバーの離職率が年間約100%（数年後にはもっと高くなるだろう）という北米地域では特に重要である。企業内ですでに実施されているこのような解決策を拡張することで、輸送リードタイムを半減することも可能になる。

この研究に加えて、Poisson法に従った統計的分布に従って、一日の時刻に従った可変リズムでトラックの到着を考慮し、8つの方向に向けて週当たり4,000台のトラックを対象にするモデルも開発された。24に及ぶ作業ゾーンをすべて使用して、トラクター、トレーラーともに、平均30分で作業を済ませる。トラクターの87%は希望した輸送先に向けて出発した。0.5%は拒否された。

研究されたもう1つのハブは、OpenFretプロジェクトの道路/鉄道

図68 ● 道路/鉄道ハブのデザイン例（CIRRELTの許可を得て掲載）

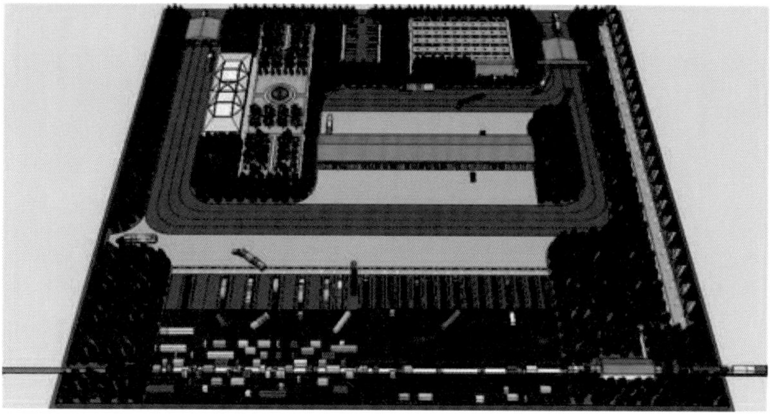

ハブである。性能の初期評価は以前のプロジェクトの枠組みの中で既に実現されていたので、ここでは、3Dモデリングと実施されるプロセスに焦点を定めた。

図68は、適切な道路アクセスがある道路/鉄道ハブの1つの可能なレイアウトを示している。

このモデルでは、フレックスコンベヤモデルのハブの道路/鉄道クロスドックおよびコンテナ仕分け部分を示している。**図69**は、このアプリケーションを示している。

このタイプのハブは30輛の貨物車輛を30分の移動で処理できるようだ。作業は4段階で行う。実際のキャパシティおよび関連するトランジットサイズを決定するには、上記の荷役ツールの作業を検討する必要がある。これこそが、以下のPI-Nutsプロジェクトの目的である。

図69 ● 道路/鉄道ハブのクロスドックの詳細（CIRRELTの許可を得て掲載）

鉄道ハブ管理の論理の検討:PI-Nutsプロジェクト

相互に接続されたロジスティクス業務は、ルーティング原理をテストするために既存の技術に基づいて考えることができるが、これらの技術はフィジカルインターネットコンテナを扱うのに最適ではない。

「機敏な」ルーティングセンターのための制御アルゴリズムを思索し、フィジカルインターネットの効率と堅牢さを支える、それが、PI-Nuts（フィジカルインターネット・クロスドック・ハブ・コントローラシステム）プロジェクトの存在理由である。これは主に、「クロスドック」作業での「スマート」コンテナの荷役を扱う、特別なものだ。制御機器を備えたコンテナは、環境を考慮して、互いに通信することができ、ルーティングに関する種々の意思決定過程で能動的役割を果たす。この組み込み知能を利用して、規模の変化により適応可能な、広く分散化された制御論理を開発した。このクロスドックも、フレックスコンベヤのような本来の2方向の輸送手段を用いて行われる。

システムの管理と制御の観点からも、これは進行方法に非常に大きな影響を与える。中央制御構造に代わって、仕分け処理は、内蔵処理能力とそれらの通信能力によって先を見越して動けるコンテナによって実装される。コンテナは、自らの位置を管理し、さまざまなプロセスに関するステータスを監視しつつ動く。また、この内蔵されたインテリジェンスは、不正行為に対抗するために検出することができる保証されない開封を登録する手段を提供し、輸送先の予期しない変更を管理することができる。一般的な状況では、次のハブに移行するための最適な解決策を見つけて実装するために、インフラとの交信もできる。不測の状況に対処する場合は、これらの新しい意思決定能力を活用することができる。大規模な選別施設では、妨害状況を検出することは必ずしも容易ではなく、その結果、いかなる是正の活動も長く困難にする蓄積が生じる。コンテナに組み込まれているインテリジェンスによって、経路から逸脱した場合（例えば、コンベヤ構成要素の故障による誤った方向またはタイムリーでない停止）、ルーティングセンターの構造がこれらの可能性を含み、したがって代替案を提供するという条件で、コンテナは、この事象を考慮して荷役の場所への経路を修正することができるモニターに警告することができる。これを行うために、コンテナは互いに通信するだけでなく、コンベヤや積み降ろしドックのようなハブの他の構成要素とも相互作用する。

図70は、コンベヤネットワークに障害が発生した場合のコンテナのルート変更のシナリオを示している。

この分散構造は、道路/鉄道ハブの異なる構成要素を処理するソフトウェアデモンストレーターに実装され、これにより、大規模な運用試験とアプローチの検証を可能にする。このデモでは、マルチ・エージェント・シミュレーションプラットフォームを使用する。

図70 ● PI-Nutsプロジェクトの許可がある場合の、中断時のダイナミック再ルーティング

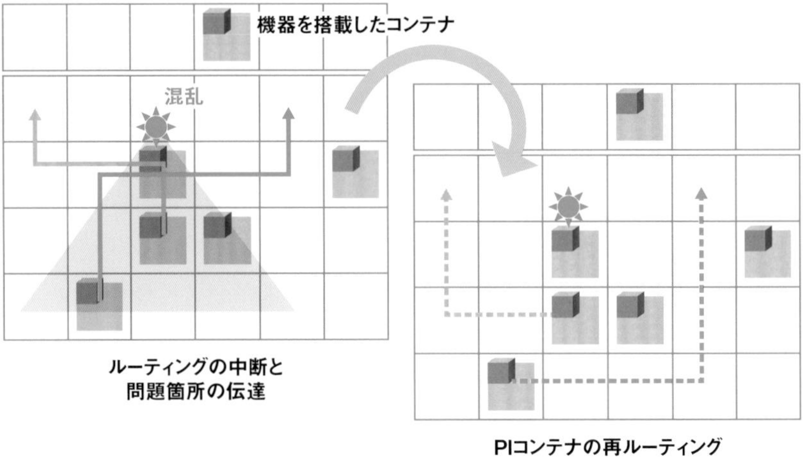

OTC-KAYPAL®MR:オープンループでのロジスティクスコンテナのトレーサビリティの向上

OTC-KAYPAL®MR（Open Tracing Container、オープン追跡コンテナ）プロジェクトは、プロジェクトパートナーのDS Smith社が開発したKAYPAL®MR段ボールロジスティクスコンテナを活用しており、パッシブRFID電子ラベルを追加するために4S Networkから依頼されたウェブサービスを使用して一括管理されている。ロジスティクスコンテナを体系的にマーキングすることにより、バルク管理から個別管理への切り替えが可能となり、陸上ロジスティクスで個別にモニタリングされるコンテナの機能性を検証することができる。

このプロジェクトの独創性は、すでに多くの機器に存在する個別の

監視ではなく、IoTやウェブ適合性から得られる基準を利用して、オープンなフレームワーク、つまり複数のステークホルダーによって監視が実現されているという事実にある。

このプロジェクトは、Nov@Log、Mov'eo、SCS、Picomの各競合集団によって承認され、BPI FranceからSingle Interministerial Fundの枠組みの中で資金提供を受けている。

具体的には、製造時にロジスティクスコンテナにRFIDラベルを貼付する。コンテナコードはEPC（電子製品コード）規格に従って作成され、サービスが開始されると、情報はEPC情報サービス（EPCIS）に提供される。EPCISやEPCを設計しているのは、物理的な対象物の拡張コーディングで事業を行うプロジェクトマネジャー、GS1である。以上はすべてEPCグローバル標準にかなっている。かくして、EPCISによって、さまざまな企業の多様なアプリケーションが、物理的な対象物、この場合は、ロジスティクスコンテナに関する情報と、このコンテナに関する状態を、安全で組織化されたフレームワーク内で共有できるようになる。これはすべて、IoTのプロトコルの決定を担当するIETF（インターネット・エンジニアリング・タスク・フォース）の推奨に基づいている。この構造の原理は、インターネット・ネットワーク上の領域で集積されたイベントを構築し、共有することである。イベントとは、例えば会社の施設でのコンテナの受領などである。したがって、それは作業の時間、場所および性質によって特徴づけられる。

このプロジェクトには、次のような目的がある。

- 現場でのイベントの集積とステークホルダーによるその処理に関連する情報チェーンの検証
- プロセスの信頼性の測定
- 個々のOTCコンテナのモニタリングによる性能の向上を測定するために、モニタリングの改善および再配置の効果の向上により、コンテナの寿命をさらに延ばすことが必要である

▶ OTCコンテナから得られるトレーサビリティ情報を利用した追加サービスの検討、例えば製品のモニタリング

▶そして最後に、経済モデルを検証するために、利益は必要な投資を賄っているか?

OTC-KAYPAL®MRプロジェクトの目的は、技術的な回答を提供し、コンテナのトレーサビリティ、コンテナと内容物の関連性、それらの再配置の有効性などのフィジカルインターネットのある原則の実現可能性に関するテストを実施しながら、産業の発展に結びついていると理解されている。

そこで、本プロジェクトでは、テストに参加した顧客がロジスティクス業務で使用するKAYPAL®MRパレットに実験的にマークを付けている。**図71**は、サービスとトライアルの両方に含まれる作業を示している。サプライヤーはメーカーの要求に応じてOTCを送付する。これらの配信は、コンテナが送信されたことを示すイベントを発生させる。メーカーは、コンテナを使って商品を小売店に配送する。ここでも、イベントを使用して一連の作業を監視し、各コンテナと製品を電子的に関連付けることができる。

商品は、別のシステムを使って店舗に送る小売業者に受け取られ、コンテナが役目を終える。回収業者が空のコンテナをピックアップし、新しいイベントを発生する。回収後、コンテナは検査され、可能な限り再利用され、供給元で再利用される。

サービスの継続期間を通して監視することで、コンテナの状態や新しい用途の将来のリリースを正確に知ることができる。これにより、必要のないときに新しいコンテナを投入する無駄を回避できる。また、再配置の最適化を可能にするために、現地のコンテナと並行して、ニーズのもっと優れた知識を提供し、このタイプのアルゴリズムが開発されるために、直接ルーティング作業に相当している。

このテストでは、インフラの導入とロジスティクスサービスプロバ

図71 ● OTC-KAYPAL®MRプロジェクトのOTCコンテナループ
（4SNetworkおよびOTC-KAYPAL®MRプロジェクトの許可を得て掲載）

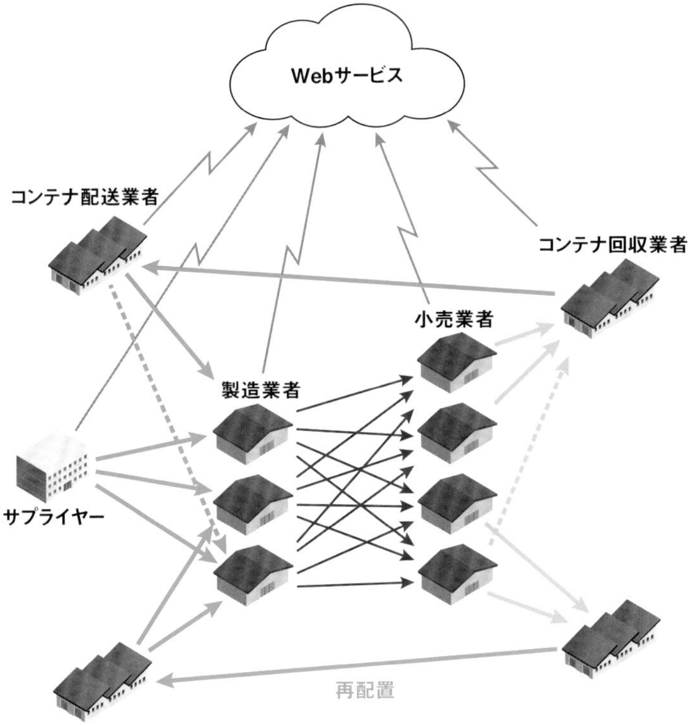

イダーの協力が必要となる。このインフラは、OrangeがサーバーにインストールするEPCISで構成されている。地上では、OTCコンテナがその下を通過する検出器とラケットに装着したスマートフォンからなるいくつかのイベント集積ソリューションを利用する。後者のものでは、トレーニングを受けた運転手または受取特約店が、どこにいても、迅速かつ独立して情報を集積できる。プロジェクトに参加しているサービスプロバイダーは、ASTREキャリアグループとFM Logisticである。プロジェクトのフレームワークの範囲内でレポート

されるすべての情報は、ウェブアプリケーションを使用した4Sネットワークによって処理される。ウェブアプリケーションは、提案されたサービスの効率を向上させるために個別の監視を利用する。具体的には、損失をより詳細に把握し、最も大きな損失が発生した場所を特定することにより、損失をよりきめ細かく、より的を絞って削減することを目指している。収集された情報の処理はまた、なされるべき決定を最もよく予測し、それによってコンテナの循環を最適化するためにデータを理解することを可能にしなければならない。

結果は2014年末を予定している。

CRC®サービス:小売販売を行う試験的なコラボレーティブ・ルーティング・センター

CRC®サービス(Collaborative Routing Centre)プロジェクトは、モジュール式コンテナを使用せずに、小売流通分野でフィジカルインターネット構造を活用しようとしている。現在のところ、小売流通のニーズを満たすような大規模なコンテナセットは存在しないため、これは試験的に行う必要がある。しかし、多様な発信元からのフローを集中させて、コンテンツ(すなわち、クロスドックのみ)に触れずに輸送先のセットに向けさせるルーターの原理は有用かもしれない。これにより、同じ製造業者から同じ地理的ゾーンに位置する複数の小売業者へのフローを、ルーティングセンターの上流に集中させることができる。同様に、複数の製造業者から1つの小売業者へのフローをグループ化できる。したがって、配送頻度を維持または増加させながら、上流と下流の両方でトラックの積み荷を満杯にすることが目的である。これを達成するために、提示されたシミュレーションのように、ロジスティクス効率の増加(輸送の効率化、荷役量・サービス量の削減)は、CRC®(以下、CRC)を介した輸送に資金を提供しなければならない。

CRCは、標準的なクロスドッキング作業に驚くほど類似していると主張することができる。物理的に言えば、パレットは切り離されたり、再び組み合わされたりするわけではない。しかしながら、このテストでは、クロスドック作業は、1つの会社のためではなく、いくつかの会社のために行われる。加えて、異なるサービスプロバイダーによって運営され得るCRCネットワークのその後の展開を考慮して、作業は、いかなる発送者もそのプロセスにさらなる変更を加えることなく、1つのCRCまたは別のCRC、あるいは2つのCRC（上流と下流）を経由して輸送することを許容しなければならない。作業綱領の目的はまた、すべてのサービス提供者が自身のCRCに発送者が直ちにアクセスできることを宣言し、すでに設置されている他のCRCの「開かれた」ネットワークに統合できるようにすることである。これは、現在の作業からすると、かなり根本的な変化である。

しかし、CRCのテスト作業を開始するには、まず作業方法を検討し、特定された課題に対する解決策を提案する必要がある。これはまさに、4Sネットワークによって検討された3段階プロジェクトの焦点であり、これにはフランス環境エネルギー管理庁（ADEME）、パリ国立鉱業高等学校、GS1、Club Déméterが貢献している。Club Déméterは、2012年後半に行われた最初の革新的なプロジェクトの呼びかけで、このプロジェクトを実際に選択した。

Club Déméterの参加は、フィジカルインターネットのコンセプトにおける小売流通ロジスティックス担当者の真の関心を示している。また、このパイロットプログラムでは、任意参加メンバーの実際のフローに基づいて分析を行い、特定の地域におけるCRC設立の根底にある課題を測定することも可能にした。

そこで、イル・ド・フランス、南東部、南西部、西部という対照的な特徴を持つフランスの4つの地域で挑戦を試みることにした。これらの各地域では、1年を通じて出荷フローが毎日収集される。これらのデータを用いて、センターの仮定された位置に基づくモデルが、CRCを有する場合と有さない場合とを比較する。

この評価の過程で、作業綱領が提案され、ワーキンググループによって議論される。このアイデアは、最初から貨物の荷主および受取人がさらに、その後他のCRCオペレーターとも対話するために、共同ルーティングセンターが満たすべき仕様を検討することである。CRCの内部運営は、運営者の裁量に任されており、その結果、CRCの性能、ひいてはCRCの開発を向上させるイノベーションが促進される。

CRCサービス・プロジェクトの目的は、EPC基準を満たし、同じ作業綱領を遵守し、共同ウェブアプリケーションを使用し、異なるロジスティクスサービスプロバイダーによって運営されるCRCのオープンネットワークの出現により、新たなサービスオペレーター(4Sネットワークもその1つになる予定)が、地域、国、欧州、さらには世界規模で、製造業者、ロジスティクスサービスプロバイダー、輸送業者および小売業者にアラカルトサービスを提供できるようになることを実証することである。

Modulushca:
コンテナのデザインとテスト、および小売流通におけるロジスティクスサービスの相互接続

前のセクションで述べたヨーロッパのプロジェクトも、いくつかの試行を通じてフィジカルインターネットの特定の構成の検討に貢献している。

■消費財用コンテナ

このプロジェクトの中心的な構成は、密封ができ、安全で、まとめてロックができるモジュラーサイズのプロトタイプコンテナのデザイ

ンの実現である。デザイン段階にあるこれらのコンテナは、技術水準の研究で実証されているように、コンテナが現在達成していないフィジカルインターネットの仕様に適合する。

この最初のデザインでは、プロジェクトは最初の技術的な解決策を提案し、それはサプライチェーンのステークホルダー（荷業者、運送業者、製造業者および小売業者）による受容性の観点からと同様に、技術的な観点（強度、耐久性など）と 経済的な観点（コスト、積載など）の両方から評価される。

■相互に連携したロジスティクスのための情報チェーン

デザインされたコンテナは、異なるタイプの複数のロジスティクスサービスプロバイダー（3PL、郵便事業者、宅配業者など）を経由して輸送することを意図しているので、そのトレーサビリティと管理はオープンな環境で構想されなければならない。この目的は、各パートナーのニーズと情報に対する権利の両方に基づいて、正しい情報を各パートナーに安全に公開するシステムが必要であることを意味する。情報チェーンは、情報の集積、現場での処理とフォーマット設定から始まり、他のパートナーによる安全な公開と使用が行われる。

■適切なプロセス

パレットおよびパレットの層を、互いに取り付けてブロックを形成することができるモジュラーサイズのコンテナに置き換えることは、スペースのより効率的な使用を可能にするが、ブロックを構築し、輸送モードに積み込むプロセスの管理の複雑さを増大させる。したがって、輸送手段への積載、フローの分類およびルーティングの作業における分類作業を最小化するように、集合化を検討するアルゴリズムを構成する。

■相互接続テスト

プロトタイプの製造およびパートナー製造業者、ロジスティクスサービスプロバイダーおよび小包のネットワークとともに郵便事業者の存在は、いくつかの形態の相互接続をテストする機会を提供する。このプロジェクトでは、実際のフローを用いた実施のための具体的な機会を研究する。これらのテストの目的は、ネットワークを開放することによって既存の輸送手段をより良く満たし、必要な荷役を減らしながら積載（正味重量と正味容積）を最適化することによって、予測された利得を検証することである。

18 ロードマップのスケッチ

主要なロジスティクスアプローチ

次ページの**図72**に示すように、ロジスティクス活動は現在、都市のインフラ（スペースをめぐる激しい競争の中でますます多くのフローが生まれる場所）を中心に組織されている。このようなスペースをめぐる競争の中で、最も賢明な判断を下すためには、情報が必要である。次ページのロードマップは、これらのアプローチに対し、よりまとまったアプローチの必要性を示すものである。

新たな構造を創り出す以下の要素にも注目したい。

▶第1は、間違いなく需要である。出荷量が少なければ少ないほど、ますます細分化されたフローとなる。産業レベルでのジャストインタイム、小売での供給の共同管理、そしてもちろん、インターネットでの販売の爆発的な増加など、組み立てラインにせよ個人にせよ、あらゆることがますます細分化されたフローとキャピラリー（毛細管）輸送に集中している。

ロジスティクスもまた、マルチチャネルまたはクロスチャネルの小売購入（最近オムニチャネルと呼ばれている）を考慮に入れて、よりダイナミックにこれらの問題に対応する必要がある。明日の供給網は、必然的にこのような発展によって支えられるだろう。

▶第2の要素は、注文と在庫管理モデルに関するものである。これらの

図72 ● PPP European Green Cars Initiative、複数年のロジスティクスロードマップと長期戦略

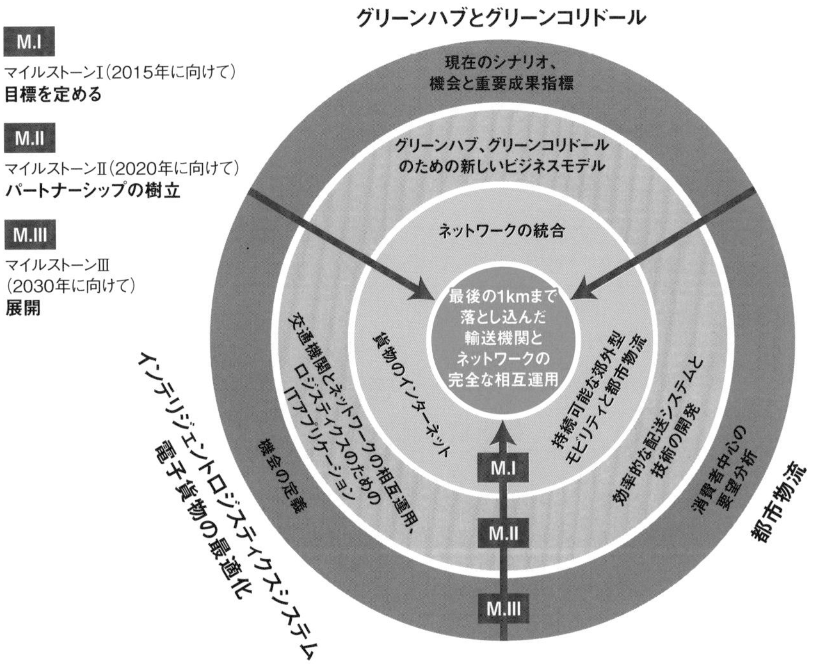

ツールは最終的に、消費者の需要に基づいて出荷されるリードタイムと数量という形でロジスティクス需要を形成する。さまざまな外部要因の結果としてのこれらの慣行の変化は、ロジスティクス需要に影響を与える。

▶第3の要素は、ロジスティクス、特に荷役作業における人間の関与に関するものである。これらの業務は、フィジカル的に困難であり、ますます規制が厳しくなっている（パレットの最も高いところ、人が運搬できる最大積載量など）。事業者がこの要素をどのように考慮するかが、ロジスティクス事業の競争力を決定し、それによって輸送、保管、積み降ろし/積み直しのバランスを変える。

▶第4の側面は規制である。労働と同様に、規制の力はロジスティクスネットワークの組織にも強い影響を与える。これらの措置は、輸送手段への課税または領域内の輸送における重量物積載車輛の禁止などの形で、サプライチェーンの発展に重大な影響を与える。

上記の要因のうち、環境への影響がより少ない車輛で、ますます細分化されていくフローを統合していく必要があり、輸送手段をより有効に利用するためのハブの出現が必要になることは間違いない。これらのハブ内では、その要因がオートメーションの向上を通じて、荷降ろし/積み直しの生産性を改善することになる。

フィジカルインターネットを展開するために克服すべき障害

その革新的な性質により、フィジカルインターネットは多くの課題に直面するであろう。このパートでは、フィジカルインターネットの導入において最も重要なステップをいくつか取り上げる。

■コンテナの検討

システムの主要な構成要素として、コンテナはいくつかのレベルでデザイン上の大きな課題となっている。1つは、さまざまなコンテナカテゴリーのサイズである。コンテナは過度に種類を増やすことなく、サイズに合った荷物を入れ、無駄なスペースを生まないようにする必要があるが、その結果、管理が必要となる。また、コンテナのサイズが異なる場合には、真のモジュール性を確保するために、コンテナの高さも考慮しなければならない。例えば、長さ12mのコンテナ内のネットスペースは、長さ（同じ幅と高さで）6mの2つのコンテナの2倍以上である。

コンテナシステムは、これらの制約に直面するだけでなく、少なくとも最初は、より大きなコンテナにモジュール化されたモジュール式コンテナで商品を輸送することから生じる使いにくさにも直面する。

驚くことに、欧州のパレットは輸送コンテナやトラックトレーラーにモジュール化されておらず、輸送コンテナとトラックトレーラー自体はうまく組み合わされていない。保管と荷役の面では、この調和の欠如は、非常に柔軟性の高い運搬設備を必要とすることにつながった。モジュール式コンテナの寸法を決定する際には、これらすべての要素を考慮する必要がある。

コンテナの正確な寸法に加えて、それらを組み合わせる方法および荷役もデザインしなければならない。すなわち、コンテナを連結する目的は、荷役作業を減らすことであり、優先度から言えば自動作動のコンテナをデザインするニーズは高いが、ツールを使って手動で作動させることも、荷役に利益をもたらす可能性がある。

最後に重要項目として、コンテナへのエネルギーの供給がある。事実、私たちが時折のデータ収集から発展させたいと思うとすぐに、環境情報を収集し、処理し、保存し、伝達するためのエネルギー源が必要になる。コンテナの大きさや必要性に応じて、コンテナにエネルギーを供給する方法は数多くあるが、明確な解決策とされるものはない。バッテリー、物理的な接続、エネルギー分野、そしてこれらの技術の組み合わせはかなりの難題を突きつけており、それらはすべてIoTと共有されている。

■関連するフィジカルリソース

コンテナを補完するものは、コンテナの積載、移送、搬送および保管の一般的な作業の間の荷役を最適化するために、それらと共にデザインされなければならない関連する荷役メカニズムのセットである。

これらの作業をより低コストで、したがって許容できるものにするためには、従来にない生産性の向上を可能にしなければならないので、荷役のためのツールのデザインもまた大きな挑戦である。輸送コンテナは、規格化されたツールによって可能になった、言ってみれば荷役の進歩の好例である。

最後に、これらの側面はすべてシステムの構成要素であり、それを念頭に置いてデザインする必要がある。可能性を説明するために、現在のシステムの側面がどうして同時にデザインされなかったかを考えてみてほしい。つまり、貨物（列車）の車とコンテナを考えてみると、荷役機能は完全に車の外側にあり、車自体の荷役には寄与しない。このような文脈で利用できる解決策には、架線下の荷役に使用することができないガントリークレーンとスタッカー（大容量のフォークリフトの種類）から構成される。

したがって、車にコンテナを積み込むには、トラックをディーゼルに切り替えるか、長くて費用のかかる作業を行うか、または機械的アームがフォークリフトとして機能し、その上にコンテナを降ろさせて車から運び出すために、コンテナを数センチメートル持ち上げるような、特に複雑なロボットシステムを必要とする。このような解決策は、運用の生産性、信頼性および経済性にとって好ましくないことは容易にわかる。

荷物を数センチ持ち上げて移動できる車の方が、総合的には効果がある。この種の技術の開発は、ハブが作業するために必要とされる大規模仕分けメカニズムの実施の前提条件である。

■ **情報伝達上の障害**

多くの多国籍企業や研究プログラムを動員しているIoTの発展を考えると、この障害を克服することに大きな期待を持っている。ロジスティクスの分野は、それを要求される環境にある。

特に、電磁波を反射する製品もあれば、吸収する製品もある多数の製品が保管されている倉庫では、データ集積はさまざまな要求にさらされる。システムの整合性を確保するには、集積（「読み取り」）の信頼性が非常に高い必要がある。情報の信頼性は、フィジカルインターネットの運用だけでなく、システムに対するユーザーの信頼をももたらす。ただし、コンテナデータの集積とその信頼度の保証は、これが許容できるコストで達成されなければならないと考えるとき、また別の障害となる。

ロジスティクスユニットが電子的に特定されたら、すべてのステークホルダー（国際的なフローには非常に多くのものがある）が、それぞれの作業状況に応じてアクセスを保証できるように、この情報を整理しなければならない。このため、コンテナに添付される情報は、公式の電子輸送文書や通関書類に記載される情報を大幅に上回る。多くのプロジェクト、特にUN EDIFACT、GS1のEPCグローバル、そしてヨーロッパのiCargoのような研究プロジェクトがこの話題に焦点を定めている。ここで述べておくべきことは、フィジカルインターネットは、コンテナを特定のロジスティクスの対象として直接監視するだけで、コンテナの中身を監視することはしないという単純化の源を提供しているということである。

IoTで情報にアクセスできるようになった瞬間から、ロジスティクス情報には特に厳しい権利管理が求められるようになる。実際、第三者がコンテナを使用している間、コンテナの所有者がその場所への完全かつ永続的なアクセス権を持つことを想定すると、正確な内容を知らなくても、コンテナの場所からコンテナを推測できることがよくある。同様に、一組のコンテナを監視することで、ある地域やセクターの経済活動に関する情報を、そのフローをマッピングすることによって導き出すことが可能になる。この適切な権利管理を通じたデータの保護は、考慮すべき別の制約である。

■ 規格化

現在、ロジスティクス機器は非常に多様化しているが、それはロジスティクス活動に求められる多様性の一部にすぎない。異なる地理的区域でそれぞれ独自に開発されてきたロジスティクス機器は数多くあり、偶然でもない限り、互換性がない。最も顕著な例は、標準的な輸送コンテナで、わずか数センチの差で1.2 mのパレットを2つ並べて入れることができないため、手作業での積み降ろしが必要になるというものである。

寸法、付属品、通信機器などはすべて相互運用性を確保し、各インターフェースに関連する損失を最小限に抑えるために、世界規模で確立されたオープンで一貫性のあるものでなければならない。

■ 認証された環境の検討

フィジカルインターネットの構成要素の標準化に加えて、独立したステークホルダーによって行われる多様な性質の活動のネットワーク化は、多数の意見の相違や誤解を引き起こし、フィジカルインターネットによって提供されるサービスの全体的な質を間違いなく低下させる。追求すべき方法は、工業的および専門的な認証であり、それを有する者のための最低水準の実務を検討する。ロジスティクスとフィジカルインターネットは、従業員の資格レベルを上げる一方で、紛争を減らし、保険料の額を減らすことで利益を得ることができる。

■ 相互運用性プロセスの検討

オープンな環境を導入すると、ネットワークのオペレーター間のフロー交換が数桁増加する可能性がある。これらのやり取りは、新しい責任者が積み荷を引き継ぐ際の正確な条件を決定するために、多くの管理プロセスを発生するので、現在のところ比較的難しい。これらのプロセスの単純化も、自動化と同様に、あるオペレーターから別のオペレーターへの輸送が禁止されないようにするために見直していくべきと言える。

しかしそれは、全体から見れば標準的な輸送に加えて、現在のネットワークに関連した新しい横断的プロセスを発明することでもある。この点を説明するために、郵便区画タイプネットワークの例を見てみよう。郵便は出荷ごとに、最終配達先の所在地を決めなくてはならない。これとは対照的に、多くの産業ロジスティクスネットワークは、出荷の最終地点を指定しない。これは、出荷が開始された時点では不明であり、出荷がネットワークを通過するときに決定されるだけでなく、出荷自体が輸送中に分けられて再構成される可能性があるためである。あるタイプのネットワークから別のタイプのネットワークへの転送を可能にし、フィジカルインターネットに存在するすべての機能を可能にするプロセス全体を決定するタスクは、検討され、設定される必要がある。

■新しいネットワーク管理ツール

フィジカルインターネットは、サプライチェーンのマネジメントを全く新しいものにする機会を創出すると考えられている。マネジメントは、この機会を生かさなければならない。市場に分散した在庫、輸送手段と在庫のダイナミックな割り当て、配送を可能にするコンテナのグループ化など、いずれについても、フィジカルインターネットの概念によって変化したマネジメントが、現在とは大きく異なるパラダイムに基づいたツールを必要とするだろう。ローカライズされた在庫を割り当てて顧客需要を満たすことは、マネジメントの方法の一部でしかない。施設間の相互依存性を制限しつつも、特定の需要に対応する必要なリソースを削減しない方法なのである。

輸送手段のマネジメントは、発送人の観点からであれ、ハブの観点からであれ、フィジカルインターネットのよりダイナミックな状況下で大きく変化しうる。発送人にとって、ルーティング（経路決定）サービスの選択は、必要に応じて異なるスピードでフローを管理することを可能にする。よりスローで、よりエコロジカルな輸送手段が求められる製品か、不足を回避するためより迅速に補給されるべき製品かで、フローの管理は異なる。実際、ある日、単一の製品の大量出荷を考えた場合、すべての製品（一定の時間をかけて一般市場で消費される製品）を同じスピードで輸送することに意味があるだろうか。ハブはさまざまな方法でリソースを活用する。通常のラインとスポットリクエストを使って、非常に短い間に、最適な場所にいる運送業者にコンテナを割り当てるのである。

■ステークホルダーと経済モデルの位置付け

このロジスティクスシステムは、多くのオペレーターの戦略にかなり深く影響する。このように、たとえそれが消滅しなくても、ロジスティクスサービスネットワークの中の収益性の高いビジネスを運営しているテリトリーの段階では、例えばテリトリーの範囲を損うような特殊化に再び焦点を当てる必要がある。この動きはすでに都市部のロジスティクスにおいて進行中であり、専門的なサービス事業者は、特定の方法で接続しなければならない他のオファーを補完するために自らを位置付けている。

同様に、ロジスティクスの観点から、特定の製品群を顧客に提供することを事業とする小売業者も、インターネットを起源とする新たなステークホルダーや地元の生産者であろうとなかろうと、より直接的に市場にアクセスすることを望んでいるが、これを効果的に達成するためのツールが不足している生産者との直接的な競争に直面している。

現在進行中の生産と小売の変化は、貨物輸送からロジスティクスへの移行、そしてステークホルダーの保管ができないことによる重大な市場損失を伴って、過去と同様にその位置付けを強く変える可能性がある。

フィジカルインターネットの流れの中では、ビジネスモデルは厳しい課題に直面する可能性がある。顧客または出荷担当は、輸送サービス事業者が受取人と直接取引関係を持たないようにさせる。その結果、フローの変化により、都市での配送に関わる当事者は増加しており、異なるサービスレベルで受取人に料金を請求できる配送の統合を提案することができるステークホルダーは存在せず、受取人への配送数は容積または重量でしか説明できない。

■文化の変化

技術的な側面に加えて、複雑さや投資でも過小評価されるべきではないが、すでに明らかになっている本当の困難は、そのようなシステムが採用されるために必要とされる文化の変化である。プレゼンテーションでは、質問の内容が現在の業務の実態に根ざしたものが多く、評価のための適切な枠組みとはなっていない。このように、フィジカルインターネットが、他のステークホルダーから独立して、会社の運営の枠組みの中でどのように統合されることができるのか疑問に思う人もいる。例えば、パレットの代わりにPIコンテナを使用した場合、トラックの積載効率はどのように向上するか。また、どのようなパレットをベースにすればよいか。パレットラックはどのように使うのか。製品が見えない場合、正しい製品を選択したことをどのようにして確認できるか。私たちは、新しい枠組みの中で考えることの難しさを示す例をさらに挙げることができる。

これは、これまでロジスティクスサービス事業者の文化の中で定着してきた要素に逆行するものであり、大きな問題である。

ロジスティクスは、現実の活動である。私たちにはトラックと倉庫がある。業務を外部委託しても、その範囲を把握し、管理している。この側面は、フィジカルインターネットによってなくなり、ロジスティクスは「仮想（ヴァーチャル）」的になる。ある程度は、自家用車から、複数の共有リソースを利用したモビリティの時代への移行を受け入れることになる。たとえ最終的に移動のためのソリューションが、事前の保証なしに、同じ使い方を提供できるとしても、永久に使える感覚を提供する自家用車を、共有された提案のために放棄することは、理論的には困難である可能性がある。

ロジスティクスはサービス活動であり、そのために課された制約を受け入れ、それに対応するという課題に取り組み、多くの場合は成功している。

このようにして配送にかかる時間は、4日間、2日間、1日、8時間と短くなり、都心部では30分近くに達している。そして、もちろん、最低購入額なしの無料配送は、ロジスティクスにとって大きな問題ではないという印象を与えている。

私たちの環境や資源の消費への直接的な影響は、近い将来、この問題に対する私たちの意見を変える可能性がある。バリューチェーンにおける主要な地位のために、生産を再構成することを可能にしたロジスティクスサービスは、その制約を知らしめるために、戦略、マーケティングおよび製品デザインについて声を出していかなければならない。

19 結論

ロジスティクスの大きな強みの1つは、制約、状況および顧客の要求に適応できることである。現代社会では、サプライチェーンが重要な意味を持つことから、ロジスティクスが最前線に立つことは、ロジスティクスをシステムとして考え、その概念、一貫性、ツール、プロセスを再検討し、競争力だけでなく持続可能な開発の要因にすることを私たちに促す。

本書は、現在のロジスティクス活動の分析に基づいているが、ロジスティクスサービスを相互接続する手段を見出すことを提案することにより、現在のロジスティクス構造とは根本的に異なるビジョンに到達する。したがって、この革新は、現在の構造に対抗するものと考えられる。確かにそうである。そして、これは、このような体系的な革新を導入する難しさの1つでもある。

そこで、本書では、このようなシステムの概念に加え、純粋な性能（輸送手段のリードタイム、在庫レベルまたは積載率）と、輸送の主要な要因であるCO_2排出量の削減による環境への影響の両面から、その特徴を探ることにした。この考え方は、これらの初期分析を用いて、2～3倍の廃棄物削減に必要とされる変革が、利害によって正当化されることを実証することである。

さらに、私たちが説明しようとしたこれらの利害は、このシステムの全体的な可能性と比較すると部分的である。このように、出荷規模の変更、保管、電子商取引への影響、マルチチャネルおよびクロスチャネルの流通などの問題は、まだほとんど検討されていない。同様に、環境的にも社会的にも、そのような革新の導入が性能にプラスの影響を与える可能性があることがわかっているが、導入の実際の評価を提案するための全体的な影響については、まだ研究が必要である。

フィジカルインターネットの中心にあるのは、相互接続の概念であり、それを実現するプロセスを通して、技術的解決に到達しなければならない。

このアプローチの主要な基本構成要素は、フィジカルインターネットのモジュール式コンテナのシステムである。これにより、共有ネットワークが可能になる。それは、既存の慣習や特定の要件を超えた真のニーズを評価することである。

このモジュール式コンテナのシステムをデザインする目的は、よりオープンなシステムの中にプライベートな空間を創出するだけでなく、計量フローと荷役を規格化し、それによってコストを削減することである。実際、規格化を通じた積み降ろし/積み直しコストの削減は、これらの業務をより頻繁に導入することを可能にし、輸送・ロジスティクスネットワークのより良い利用を可能にするための大きな課題である。

コンテナとの交信も、ステークホルダーの可視性、トレーサビリティ、意思決定能力を確保するために不可欠な要素である。また、インターネットを通じた作業の可視化により、システムの信頼性を高める重要な要素でもある。このような交信には、顧客、サービス提供者の間で現在相互に接続されている情報システムに対して、想定されるすべての損失を伴う別の上流アプローチが必要であることは明らかである。

このような構造は、能力を高める必要のある組織や人々に依存する。生産現場では、認証ツールを活用して手法や人材を進化させてきた。サプライチェーンは、これらの業務が認証されるために同様のことをしなければならず、それによって必要なレベルの相互運用性、品質および信頼性がもたらされる。

最後に、この新しい組織が提供する可能性を活用するためには、ロジスティクス作業管理プロセスも大幅に変更する必要がある。それぞれの仕事の規則と実践、それぞれの交通手段、そしてそれぞれのサービスは、それぞれの活動のために特別にデザインされており、最終的には克服すべき障害を有している。この分野では、公共のステークホルダー（州・地方議会）は、必要となる変化への障壁を調査することによって、また、ウィン・ウィンの状況をもたらす活動にインセンティブを与えるという点で、開発を奨励する上で重要な役割を果たす。

研究開発の分野は多い。限定的ではあるが、これらの初期の結果は、このシステムの構成要素の研究を継続するだけでなく、現在のロジスティクスの文脈の中でのその実施の条件を議論することを奨励する主要な問題を示す。実際、このイニシアティブには、現在のステークホルダーと協力して新しい形態のロジスティクス組織の展開に取り組むことと、地域のみの最適化にとらわれないようにすることの2つの目的がある。

現在の解決策は、特定のセクターに大きく依存しているので、それぞれの本当の制約を表現し、フィジカルインターネットの初期の概念に忠実でありながら、異なるセクターに適した解決策を確立するために、かなりのセクターに特有の研究が行われる必要がある。例えば、自動車産業のロジスティクスは、特に供給不足に敏感であるため、サービスの質とリードタイムの遵守を非常に重要視している。それに対し、航空宇宙、繊維、食品部門は、同じようにこれらの要件に注意を集中することはないだろう。

この分野の今後の展開を予測することは難しい。しかし、ロジスティクスと供給活動のデザインを、より共有化され相互接続されたネットワークに変更することが急務のように思われる。この点で、人の移動ツールの開発は、異なるモードを１つに統合し（複合型旅程計算、共同チケットなど)、資源を共有する(公衆電話やカーシェアリングなどによるレンタカー)方向に進んでいるいくつかの兆候を提供する。ネットワーク化された活動におけるこのような改善は全く驚くべきものであり、過小評価をしてはならない。例として2006年に設立されたBlablacar社は、フランスで100万人のメンバーのネットワークを5年間で作り上げ、現在毎月35万人を「輸送」している。これは1,000編成の高速鉄道に相当するが、いずれも100人未満で、インフラへの投資はない。逆に、このサービスは限界環境コストで移動性へのアクセスを提供する。

カーシェアリングを全く知らない人もいるが、一方では、より多くの人々が信頼するようになっているメカニズムで、ソーシャルネットワークがあることに注意してほしい。貨物についても同じ結果をもたらす鍵となるメカニズムを見つける道が残されている。

ロジスティクスは、依然として多くのステークホルダーから内部競争力の要因として認識されているが、この論理はロジスティクス自体の競争力を制限し、最終的には経済と領域全体を不利にする。ロジスティクスは、本質的にネットワーク活動である。今日では、基本的に歴史的な理由から、これらのネットワークは古いパラダイムに従って構造化されており、集中化され、専有され、専門化されている。オープンでグローバルなロジスティクスシステムという本書に描かれたビジョンが、研究協力者間の興味深い対話の終わりではなく、ロジスティクスをより経済的、環境的、社会的に持続可能なものにするための業界全体の取り組みの始まりになるように、私たちは今、ロジスティクスを変えることを誓わなければならないように思われる。

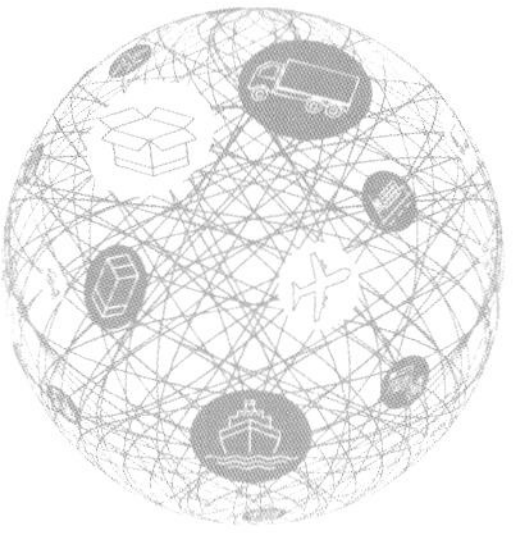

資　料　編

用語集

＊用語説明に関しては、関連分野（デジタルインターネット、フィジカルインターネット、またはロジスティクスなど）を明記していないものを除いては、一般的な内容である。

アドレス（Address）

対象物を明快に特定するための正式なコード（郵便番号やインターネットのアドレスなど）。ロジスティクスとフィジカルインターネットにおいては、事業所内の製造拠点や在庫場所が特定できるGLN（グローバルロケーションナンバー）タイプのアドレスが必要で、それにより識別や配置が可能となる。デジタルインターネットに関しては、インターネットのIPv6を参照のこと。

BtoB

Business to Business（ビジネスtoビジネス）の頭文字からとった略語。企業間の商業活動を指す。

BtoC

Business to Consumer（ビジネスtoコンシューマー）の頭文字からとった略語。企業と消費者の商業活動を指す。

はしけ（Barge）

低喫水の船体（平底）の船。運河や川に沿って貨物を運搬するために使われ、自分のエンジンで航行したり、同じような船に牽引される。

対応能力(Capability)

フィジカルインターネットでは：フィジカルインターネットの構成要素が、サイズや重量、特性(危険物質、温度管理など)などコンテナのタイプに応じて出される指示を遂行する能力。

クラウド(Cloud)

インターネットを介してアクセスする機械とサービス。維持管理をする事業者が提供する。利用者は料金を支払うが、サービスを提供する側がどのようにリソースを利用するかについては意識していない。

消費財(Consumer Packaged Goods)

一般消費者に日常的に使われる商品。頻繁に購入したり買い替えたりする必要がある。

コンテナ(Container)

ロジスティクスでは：サイズや取り扱い方法、連結の手段などが標準化されたサイズのコンテナ。さまざまな輸送手段で扱われることを前提にデザインされている。

クロスドッキング(Cross-docking)

到着した輸送モード(セミトレーラー、トラック、鉄道など)から貨物を降ろし、出発する輸送モード(同じものか、別のもの)に直接積み替える物流の作業。荷降ろしと積み替えの間の荷物の保管が、ほとんど発生しない。輸送のタイプを変更したり、多様な目的地に対応して商品を仕分けしたり、あらゆる場所から集まった商品を目的地や経路ごとにまとめたりするために行う。

データグラム(Datagram)

デジタルインターネットにおける、最も一般的な情報の単位(「パケット」

とも呼ばれる)。

発見サービス(Discovery Services)
EPCglobal(右ページ)の構成要素。貨物のトレーサビリティに関連するすべての情報にアクセスするサービス。

物流センター(Distribution Centre)
配送センターとは、顧客の要望に応じて荷物を積み替えながら、貨物を受け取ったり、再出荷したりする施設。貨物は保管されることもあれば、荷降ろしドックから積み込みドックへと直接送られることもある。これはクロスドッキングである。物流センターが果たす働きはPIハブに比肩するが、1つの企業によって運営されるため、相互接続はない。

ダウンストリーム(Downstream)、川下、下流
ロジスティクスでは:最終目的地に達するプロセスの中の先のステップ。

EDI(Electronic Data Exchange)、電子データ交換
標準化されたネットワークとフォーマットを使って、商取引に関するデータを、コンピューターからコンピューターへとやり取りするモード。

カプセル化(Encapsulation)
デジタルインターネットでは:送信のために、あるプロトコルから別のプロトコルのデータに変換すること。インターネットプロトコルとそのデータをローカルイーサネットのプロトコルに導入できる。
オブジェクト指向プログラミングでは:オブジェクトの処理メソッドのみを提供するために、オブジェクトに含まれる情報の保護。
フィジカルインターネットでは:PIコンテナに貨物を包むこと。オペレーターが貨物を扱わず、中身にアクセスできないコンテナのみを対象とし、PIコンテナについて、1つのネットワークから別のネットワークに切り替えて運ぶことができる物流システムを指す。

エンドツーエンド（End to End）

配送業者から最終受取人までの経路が事前に決定されるルーティングメカニズム。

EPCグローバル（EPCglobal）

グローバルなトレーサビリティシステムをサプライチェーンに実装できるようにするGS1標準のセット。RFIDテクノロジーとデータを自動的にキャプチャするインターネットテクノロジーを組み合わせて、このデータを共有する。モノのインターネットの既存の形式の1つ。

EPICS

Electronic Product Code Information Servicesの頭文字をとったもの。標準化された電子インターフェースのセットで、独立したデータベースを独自のトレーサビリティ機能と相互接続できるようにする。

ERP

Enterprise Resource Planningの頭文字をとったもの。会社のフローとリソースをスケジュールおよび管理するための統合管理システム。クライアントサーバーモードでアクセス可能な一元化されたデータベースに、会社のすべての機能が含まれている。

フィーダー船（Feeder Ship）

大型船が主要港に持ち込んだ貨物を、さまざまな港に運んだり、集荷して大型船に運ぶことを目的とした小型船。

積載率（Fill Rate）

トラックのトレーラー、鉄道貨車の車両などで使用される積載量の割合。この割合は、重量または体積で測定される。公式統計データは、重量のみで収集される。

フロー（Flow）

出発地と目的地間の物流単位のスループット。例：A地点からB地点までの週あたりのxパレット。

階層的アドレス付け（Hierarchical Addressing）

アドレスをさまざまな部分に分割できるアドレッシングモード。各部分はより細かいレベルの粒度を識別する。

ハブ、またはPIハブ物流（Hub or PI-hub Logistics）

ロジスティクスでは：ある物流サービスから別の物流サービスへの貨物の転送を担当する物流センター。さまざまな輸送モードにも関係する。

フィジカルインターネットでは：PIコンテナが1つのロジスティクスサービスから別のロジスティクスサービスに切り替わるフィジカルインターネットの結合点：2つのロジスティクスネットワーク間のゲートウェイ、輸送モードの変更、車両の変更、カップリング/デカップリングなど。

インコタームズ（Incoterms＝国際商工会議所が定めた規則）

国際商取引用語の略語。国内および国際レベルで貨物交換に参加する購入者およびベンダーが遵守する、パリの国際商工会議所によって標準化された一連の規則を定める。特に、インコタームズは、所有権が変更されるポイント、輸送と手続きの責任、および貨物に関連する手数料とリスクの配分を定める。

インターモーダリティー（Intermodality、形容詞はIntermodal）、輸送機関連携

輸送中にさまざまな交通手段を連携させて使用する。インターモーダル輸送。インターモーダリティーはしばしばマルチモーダリティーと混同される。

相互接続、連携(Interconnection)

標準とプロトコルを介して、別々のネットワークを接続する。

〈デジタル〉インターネット(〈Digital〉 Internet)

標準化されたプロトコルのセットに基づいてITネットワークを相互接続するシステム。最も有名なのは、データグラムのルーティングに使用されるTCP / IP (標準化されたデータパケット)。インターネットは、電子メールやWebサイトなど、最もよく知られているサービスを数多くホストしている。

IoT、モノのインターネット(Internet of Things)

モノのインターネットとは、すべての「モノ」が相互に関連し合う分野を指す。この接続は、オブジェクトに直接の環境と通信する機能を装備することで有効になる。それらはまた、状態を知るために遠隔でやりとりすることができる。このフレームワーク内では、センサーがあるので環境 (の変化) に敏感であり、特に相互に (マシンツーマシン) 処理および、もちろん通信する能力のために「インテリジェント」なオブジェクトが想定される。例えば、牛乳パックの中身がどのくらいあり、どれくらい新鮮かを把握し、この情報を冷蔵庫に伝え、予想される消費アルゴリズムに従って注文を出すことが可能になる。

IPv6

インターネットプロトコルバージョン6の頭文字をとったもの。主要なインターネットプロトコルの新しいバージョンで、バージョン4の23ビットに比べて128ビットのアドレスを受け入れるようになり、モノをインターネットに接続しやすくなった。

レイヤー（Layer）、階層

同じ「階層」レベルでグループ化された一連のアイテム（オブジェクト、機能、サービスなど）の機能モデル（または論理モデル）。同じタイプの他の2つのセットの間に配置される可能性があるため、相互接続された「垂直」スタックが作製される。

デジタルインターネットでは：OSIモデルで使用される概念。

フィジカルインターネットでは：OLIモデルで使用される概念。

ロジスティクスネットワーク（Logistics Network）

一連の場所とそれらをリンクするロジスティクスサービスによって形成されるネットワーク。サプライチェーンの地理的表現（次項参照）。

ロジスティクスサービス（Logistics Service）

標準化されたデータ（標準データ）パケット。インターネットは、電子メールやWebサイトなどの多くのサービスをホストしている。

マシン間（Machine to Machine）、マシンツーマシン

人間の介入なしの有線または無線ネットワークを介した「インテリジェント」オブジェクト間の通信。

マルチモーダリティー（Multimodality、形容詞はMultimodal）、複合輸送

2つの地点をつなぐ移動において、いくつかの交通機関の中から組み合わせを選ぶ可能性。

マルチモーダル・オファーという言い方をする。インターモーダリティーとしばしば混同される。

ノード、接続地点（Node or PI-Node＝PI接続地点、結合点）

2つ以上の弧（アーク）が接続する図表上の点。

デジタルインターネットでは：インターネットでは、いくつかのサブネットワークをリンクする電子機器の一部。同じテクノロジーの場合もそうでない場合もある。サブネットワークが同じオペレーターに属している場合、それは内部ルーターである。そうでない場合、それは境界ルーターであり、ピアオペレーター間の合意は問題になっている各外部ネットワークに関連付けられている。ネットワークの両端では、ノードはホストと呼ばれるコンピューター、タブレットなどに相応する。

フィジカルインターネットでは：物流サービスが相互に接続されている施設。ルーティング、ソート、カップリング/デカップリング、またはコンテナストレージなどが発生するすべての場所がフィジカルインターネットのノードになる。この変更は、PIコンテナがなくても発生する可能性がある。直接処理（PI-transit）またはコンテナ（PI-hub）で処理される。ネットワークの両端では、ノードは他のサービスまたは仕様とのインターフェースに対応し、したがってPIコンテナ（PIゲートウェイ）のロードまたはアンロードに対応する。PIノードは常に、物理的な操作を、オペレーターの変更時にトレーサビリティ、ルーティング、およびハンドオーバーの機能を提供するプロセスに関連付ける。

OLI

Open Logistics Interconnection（オープンロジスティクス相互接続）の頭文字をとった略語。コンテナを1つのロジスティクスサービスから別のロジスティクスサービスに転送するために必要な機能を、層状に構造化する提案モデル。

ONS

EPCglobalのコンポーネント、Object Naming Service（オブジェクトネーミングサービス）の頭文字をとった略語。インターネット上の特定の製品に関連するすべてのデジタルサービスを参照するためのメカニズム。

OSI

Open Systems Interconnection（オープンシステム相互接続）の頭文字をとった略語。コンピューター間の通信に必要な機能を階層化したモデル。このモデルは、レファレンス7498の下で国際標準化機構によって標準化されている。

経路、パス（Path）

2つのノードを結合するためにネットワークで選択されたルート。

デジタルインターネットでは：ノードからノード（**ルーター**を参照）へのルートを選択して、情報を受信するコンピューターに情報を送信するコンピューターからのデータグラム。

フィジカルインターネットでは：ノードからノード（この場合はハブ、トランジットセンター、ポートなど）に選択されたルート。コンテナを出荷ポイントから目的地に運ぶ。

ピア協定（Peer Agreement）

デジタルインターネットでは：ネットワークトラフィックへの相互開放性。パートナーのインターネットアクセスサプライヤーのサブネットワーク間の合意。これらの合意のいくつかは、もともとは金銭的保障のない相互主義に基づいていた。

フィジカルインターネット（Physical Internet）

効率と持続可能性を高めるために開発されたカプセル化、インターフェース、プロトコルを備えた物理的、デジタル的、運用的な相互接続に基づいたオープンなグローバルロジスティクスシステム。

PI–

オブジェクト、サイト、施設、機器、車両、操作などに適用される接頭辞。これは、フィジカルインターネットの認証を受けたキャリアによって実装されていることを示す。

PIコンテナ（PI-container）
相互接続された物流ネットワークを介して配送されるように設計されたコンテナ。基本的なPIコンテナは、モノのインターネットを介して追跡可能である必要があり、標準化されたモジュールの寸法を持ち、特に自動化された方法で他のコンテナと組み合わせて、結合されたPIコンテナを作製できる。

PIゲートウェイ（PI-gateway）、出口
フィジカルインターネットと、その一部を形成しないネットワークとの間のインターフェースを使命とするPIノード。一方では、PIコンテナを受け取り、他のPIノードから、フィジカルインターネットの外側を開放する。一方、物理的なインターネットの外部から貨物を受け取り、物理的なインターネット内での出荷の準備に必要な手順を実行する。

PIトランジット（PI-transit）、積み替え
個々のコンテナを処理せずに、ある輸送手段から別の輸送手段に転送するために使用されるPIノード。たとえば、2台のトラック間でトレーラー（荷台）を交換する。

混載物流、プーリングロジスティクス（Pooling Logistics）
複数の荷送人による物流リソース（トレーラー、配送センターなど）の共有。目的は、流れを集中させることで輸送の効率を高めることにある。

プロトコル（Protocol）
デジタルインターネットでは：送信者と受信者の間における通信を構成する方法を定義する一連のルール。プロトコルは、一般にITネットワーク、特にインターネットで広く使用され、メッセージの構造、宛先などを定義す

る。

フィジカルインターネットでは：フィジカルインターネットでの、コンテナの受け渡しと配送に関する運用の取り決めを構成する一連のルール。

ルーター（Router）

デジタルインターネットでは：ルーターとは、パケット（つまり、データグラム）を送信することを主な機能とするネットワーク機器。その役割は、一連のルール（プロトコル）に従って、1つのネットワークインターフェースから別のネットワークインターフェースにパケットを転送することにある。ルーターは、インターネットネットワークの中間ノードを構成する。

フィジカルインターネットでは：ルーターは、実行するロジスティクスサービスを計算し、PIコンテナが目的地に到達できるようにそれらを更新するITシステム。これは、フィジカルインターネットのすべてのノード、接続地点、特にPIハブに必要な機能である。

ルーティング（Routing）

フィジカルインターネット＆デジタルインターネット：配送業者から最終的な受取先に配送するためにネットワーク内の最適なパスを選択するアルゴリズム。

ルーティングテーブル（Routing Table＝輸送経路決定テーブル）

ネットワーク内の最適ルートを指定するデータ構造。つまり、各ノードから、ネットワーク内の他のノードへの最適なパス。ルーティングテーブルはデジタルインターネットの各ルーターに存在し、フィジカルインターネットの各ノードにアクセスできる必要がある。

サービスプロバイダー（Service Provider）

他の組織または個人にサービスを提供する組織。たとえば、ロジスティクスやITサービスプロバイダー。

スタッカー（Stacker）

輸送用コンテナを上から、移動用コンテナを下から処理するために使用される、車輪に取り付けられたマテリアルハンドリング機器。

サプライチェーン（Supply Chain）

製品およびサービスの実現と提供に特化した、組織ごとの組織、個人、活動、情報、およびリソースのシステム。サプライチェーンは、下流の顧客の要求に応じて設計され、上流部分を含んでいる。

トンキロ（t.km）

1トンを1キロメートル移動することと定義される輸送の測定単位（サービスの有効性は考慮されていない）。

TEU（Twenty-foot Equivalent Unit）

20フィート相当ユニットの頭文字をとった略語。コンテナ輸送の単位。これは、高さが2.591メートル（8.5フィート）、幅2.438メートル（8フィート）、長さ6.096メートル（20フィート）の外寸が標準の20フィートのコンテナに基づいており、約38.5立方メートル。たとえば、40フィートのコンテナは2 TEUに相当する。

輸送情報共有協定（Traffic Exchange Agreement）

フィジカルインターネットでは：物理的および情報の流れの交換に関するロジスティクスサービスプロバイダー間の協力協定、および各当事者に報酬を支払うためのメカニズム。

ツイストロック（Twist-lock=緊締装置）

ISO1161で1984年に規格化された金具で、4つのグループで使用され、2つの輸送用コンテナを上下の4つのコーナーで相互に取り付ける。

アップストリーム（Upstream）、川上、上流

ロジスティクスでは：ソースに近い、プロセスの前の方にあるステップ。

ウェブ（Web）

デジタルインターネットでは：インターネットサイトのページを接続するハイパーテキストリンクによって形成される、World Wide Web（ワールドワイドウェブ）という用語の省略形。

フィジカルインターネットでは：すべてのロジスティクスサービス（輸送、取り扱い、保管など）によって形成されたワールドワイドウェブ。フィジカルインターネットによって相互にリンクされている。

さらに深く知りたい方のために

本書は、Predit 4の枠組みの中で実施された2つの研究プロジェクトを主な基盤としており、報告書の内容を再現するのではなく、重要なアイデアと主な成果を共有することを意図している。したがって、興味を持った読者には、参考文献として以下の報告書を入手することをお勧めする。参考となる報告書を以下に記す。

E. Ballot, B. Montreuil and M. Thémans, “OPENFRET: contribution à la conceptualisation et à la réalisation d’ un hub rail-route de l’ Internet physique,” MEDDAT, Paris, 2010.

以下のサイトからダウンロードが可能。

http://portail.documentation.developpement-durable.gouv.fr/documents/Temis/0076/Temis-0076297/20268_A.pdf

E. Ballot, “Simulation de l’ Internet physique : contribution à la mesure des enjeux et à sa définition,” MEDDAT, Paris, 2012

以下のサイトからダウンロードが可能。

http://portail.documentation.developpement-durable.gouv.fr/documents/Temis/0078/Temis-0078977/20871_rapport.pdf

【参考文献一覧】

Ballot, E. & Fontane, F., 2008. Rendement et efficience du transport: un nouvel indicateur de performance. *Revue Française de Gestion Industrielle*, 27(2): 41-55.

Ballot, E., Gobet, O. & Montreuil, B., 2012. Physical Internet enabled open hub network design for distributed networked operations. In T. Borangiu, A. Thomas, & D. Trentesaux (Eds.), *Service orientation in holonic and multi-agent manufacturing control*, Vol. 402: 354-367. Heidelberg: Springer.

Ballot, E., Montreuil, B. & Thivierge, C., 2012. *Functional Design of Physical Internet Facilities: a road-rail PI Hub*. Paper presented at the International Material Handling Research Colloquium, Gardanne.

Bondre, S., 2011. *Mumbai' s Dabbawala: The Uncommon Story of the Common Man*: OMO Books.

Bontekoning, Y. M., 2000. The importance of new-generation freight terminals for intermodal transportation. *Journal of Advanced Transportation*, 34: pp. 391-413.

Comer, D., 2006. *Internetworking with TCP/IP* (5th ed.). Upper Saddle River; London: Pearson Prentice Hall.

Commission of the European Communities, 2009. Internet of Things - An action plan for Europe. In T. C. Communication from the commission to the European Parliament, The European Economic and Social Committee and the Committee of the Regions (Ed.).

Dechter, R. & Pearl, J., 1985. Generalized best-first search strategies and the optimality of A*. *Rina Dechter*, 32(3): 505-536.

Dijkstra, E. W., 1971. A short introduction to the art of programming: 100. Austin TX: University of Texas at Austin.

European Commission, 2008. Action plan for the deployment of Intelligent Transportation Systems in Europe, *White paper*. Luxembourg: European Commission.

European Commission, 2011. *A Roadmap for moving to a competitive low carbon economy in 2050*. Brussels: Office of the European Union.

European Commission, 2011. *European Green Cars Initiative PPP Multi-annual roadmap and long-term strategy*. Luxembourg: Office of the European Union.

EuroStat, 2007. Average loads, distances and empty running in road freight transportation - 2005. In EuroStat (Ed.), European Communities ed.: 1977-0316.

GS1, Oct. 2013. *EPC Global Standards*. Available: http://www.gs1.org/gsmp/kc/epcglobal

Gue, K. R. & Kim, B. S., 2007. Puzzle-Based Storage Systems. *Naval Research Logistics*, 54(5): 556-567.

Hakimi, D., Montreuil, B., Sarraj, R., Ballot, E. & Pan, S., 2012.

Simulating Physical Internet Enabled Distribution Webs. Paper presented at the International Conference on Information Systems, Logistics and Supply Chain, Creative Logistics for an Uncertain World, Quebec, Canada.

International Energy Agency, 2006. *Energy technology perspectives: Scenarios & Strategies to 2050*. Paris: OECD/IEA.

International Energy Agency, 2009. Transportation, energy and CO_2: 418: OECD.

ISO, 1994. Information Technology - Open Systems Interconnection - Basic Reference Model, Vol. 7498-1. Geneva: ISO/IEC.

Jeong, S.-J., Lee, C.-G. & Bookbinder, J. H., 2007. The European freight railway system as a hub-and-spoke network. *Transportation Research Part A: Policy and Practice*, 41(6): 523.

Kellerer, H., Pferschy, U. & Pisinger, D., 2004. *Knapsack Problems*: Springer.

Levinson, M., 2006. *The Box*. Princeton: Princeton University Press.

Lin, Y. H., Meller, R. D., Ellis, K. P., Thomas, L. M., and Lombardi, B. J., 2014. A decomposition-based approach for the selection of standardized modular containers. *International Journal of Production Research*, to appear (DOI: 10.1080/00207543.2014.883468).

Mayer, S. H., 2009. *Development of a completely decentralized control system for modular continuous conveyors*. Universität Karlsruhe (TH).

McKinnon, A., 2000. Sustainable distribution: opportunities to improve vehicle loading. *UNEP Industry and Environment* (Dec): 26-30.

McKinnon, A., 2010. European Freight Transportation Statistics: Limitations, Misinterpretations and Aspirations. In ACEA (Ed.), *5th ACEA a Scientific advisory group meeting*. Brussels.

McKinnon, A., Ge, Y. & Leuchars, D., 2003. Analysis of Transportation Efficiency in the UK Food Supply Chain. In L. R. Centre, & S. o. M. a. Languages (Eds.): 38. Edinburgh.

McKinnon, A. C. & Woodburn, A., 1994. The consolidation of retail deliveries: its effect on CO_2 emissions. *Transportation Policy*, 1(2): 125.

Meller, R., Montreuil, B., Thivierge, C. & Montreuil, Z., 2012. *Functional Design of Physical Internet Facilities: a Road-Based Transit Center.* Paper presented at the International Material Handling Research Colloquium, Gardanne.

Meller, R. D. & Ellis, K. P., 2011. Establishing the Logistics System Gain Efficiency of the Physical Internet, *International Conference on Industrial Engineering and Systems Management IESM' 2011*: 575-584. Metz - France.

Meller, R. D., Lin, Y.-H. & Ellis, K. P., 2012. *The Impact of Standardized Metric Physical Internet Containers on the Shipping Volume of*

Manufacturers. Paper presented at the 14th IFAC Symposium on Information Control Problems in Manufacturing, INCOM' 12, Bucharest.

Meller, R. D., Lin, Y. H., Ellis, K. P. & Thomas, L. M., 2012. Standardizing Container Sizes Saves Space in the Trailer: A Result of the CELDi Physical Internet Project: Center for Excellence in Logistics and Distribution, University of Arkansas.

Montreuil, B., 2009. Physical Internet Manifesto: globally transforming the way physical objects are handled, moved, stored, realized, supplied and used. In CIRRELT (Ed.), Vol. 2011. Quebec, CA.

Montreuil, B., 2011. Towards a Physical Internet: Meeting the Global Logistics Sustainability Grand Challenge. *Logistics Research*, 3(2-3): 71-87.

Montreuil, B., Ballot, E. & Fontane, F., 2012. *An Open Logistics Interconnection Model for the Physical Internet.* Paper presented at the INCOM' 12 Conference, Bucharest, Romania.

Montreuil, B., Meller, R. & Ballot, E., 2013. Physical Internet Foundation. In T. Borangiu, A. Thomas & D. Trentesaux (Eds.), *Service Orientation in Holonic and Multi Agent Manufacturing and Robotics*, Vol. 472: 398: Springer.

Montreuil, B., Meller, R., Thivierge, C. & Montreuil, Z., 2012.*Functional Design of Physical Internet Facilities: a distribution Hub.* Paper presented at the International Material Handling Research Colloquium, Gardanne.

Montreuil, B., Meller, R. D. & Ballot, E., 2010. Towards a Physical Internet: the impact on logistics facilities and material handling systems design and innovation. In K. G. e. al. (Ed.), *Progress in Material Handling Research*: 23: Material Handling Industry of America.

Pan, S., 2010. *Contribution à la définition et à l' évaluation de la mutualisation de chaînes logistiques pour réduire les émissions de CO_2 du transportation : application au cas de la grande distribution.* Doctorat, Mines ParisTech, Paris.

Pan, S., Ballot, E. & Fontane, F., 2013. The reduction of greenhouse gas emissions from freight transportation by pooling supply chains. *International Journal of Production Economics*, 143(1): 86-94.

Piecyk, M. I. & McKinnon, A. C., 2010. Forecasting the carbon footprint of road freight transportation in 2020. *International Journal of Production Economics*, 128(1): 31-42.

Salini, P., 2006. AxeFret, Predit ed.: 88 pages.

Sarraj, R., 2013. *Interconnexion des réseaux logistiques : éléments de définition et potentiel.* Doctorat, Mines ParisTech, Paris.

Sarraj, R., Ballot, E., Pan, S., Hakimi, D. & Montreuil, B., 2014. Interconnected logistic networks and protocols: simulation-based efficiency assessment, to appear in *International Journal of Production*

Research.

Sarraj, R., Ballot, E., Pan, S. & Montreuil, B., 2012. Analogies between Internet network and logistics service networks: challenges involved in the interconnection. *Journal of Intelligent Manufacturing*, Accepted, under press.

The Economist, 2006. The physical internet: a Survey of logistics, pp. 1-14.

United Nations, 2007. Container Traffic Forecast 2007 Update. In R. S. A. P. DEVELOPMENT (Ed.).

United Nations, 2006. Couloirs de transport Europe-Asie: 13. Geneva: Conseil économique et social.

Wikipedia, 2010. OSI model, 7 April ed., Vol. 2010: Wikipedia.

Preditおよびその書籍シリーズ「交通研究イノベーション（Transport Research Innovation）」について

Predit「国土交通研究革新事業（Program for Land Transport Research and Innovation）」とはフランスのプラットフォームであり、陸上・水上輸送分野の研究とイノベーションを支援する目的で、国が調整と承認を実施する枠組みとして設立された。

その第4版である「Predit-4」（2008 ～2013年）は、エコロジー・輸送、産業再生・研究を管轄する3省庁（今日のMEDDE、MERPN、MENESR）と3つの資金提供機関（ANR、ADEME、近年Bpifranceに組み込まれたOSEO）との合意によって規定された。

2008年に決定された包括的な目標では、中長期的な課題、特に生態学的な変化において危機にさらされている問題に立ち向かうため、乗客と物品の両方に対する陸上輸送（道路、鉄道、水上輸送、およびそれら輸送へとつなぐ空輸と海運）の新しい技術、サービス、公共政策を準備し、引き出すことを掲げていた。Preditの管轄範囲内では、この第4サイクルで1,120件を超える研究プロジェクトが生み出され、その総額は11億2000万ユーロ（奨励金3億4900万ユーロを含む）に上る。フランスおよびヨーロッパの研究環境は大幅に再編成され刷新されており、このような環境の中で、課題により効果的に対処できるよう、2014年初頭の現在、Preditの再構成が進められている。

PreditがDocumentation Françaiseを通じて編集した「交通研究イノベーション」シリーズは、研究成果の認識と普及のための貴重な媒体である。要約（「...を検討する」）に加え、専門家のための詳細な研究報告やハンドブックも作成されている。Predit-4の期間に、多くの新しいタイトルが追加された。Predit-4プロジェクトの継続に伴い、このシリーズは今後数年の間、新しい成果を生み出すまで、出版され続けるだろう。

2006年、シリーズ「交通研究イノベーション」にて出版。

英語版：

Methodological guide: urban logistics spaces, Daniel Boudoin, November 2006, republished in May 2012.

フランス語版：

Les plans de déplacements urbains, Jean-Marc Offner, February 2006

La dépendance à l' égard de l' automobile, Gabriel Dupuy, September 2006

Guide méthodologique : les espaces logistiques urbains (ELU), Daniel Boudouin, November 2006

Bruit des transports, état et perspectives scientifiques, Guillaume Faburel, Jean-Dominique Polack, Jacques Beaumont, February 2007

Les permis négociables dans le secteur des transports, Charles Raux, February 2007

Économie de la sécurité routière : enjeux , état des lieux et réflexions prospectives, Marc Gaudry, Yves Geffrin, Fredrik Johansson,

Mathieu de Lapparent, Marine Lericolais, Dominique Mignot, Dominique Schwarz, June 2007

Attention et somnolence au volant, Luc Bronner, June 2007

Le péage urbain, Charles Raux, July 2007

Transports terrestres : l' essor de l' électronique embarquée, Xavier Apolinarski, December 2007

Accidents de la route, infrastructure et responsabilités, Michèle Guilbot, May 2008

Quels avenirs pour les systèmes d' assistances technologiques à la conduite ?, Laurent Meillaud, Marie-Line Gallenne, Jean-Marc Blosseville, Jacques Ehrlich, Gilles Malaterre, May 2008

Service de mobilité et d' information : innovation et recherche, Guillaume Uster, May 2008

Quel fret ferroviaire local ? Réalités françaises, éclairages allemands, coordinated by Laetitia Dablanc, February 2009

Politiques de transport : prospective et outils, Jean-Marc Offner, March 2009

Étalement urbain et mobilité, Marc Wiel, April 2010

Pollution de l’ air et transports terrestres, dix ans de recherche, Primequal-Predit, May 2012

La ville cohérente, Emre Korsu, Marie-Hélène Massot, Jean-Pierre Orfeuil, August 2013

Infrastructures de transports terrestres, écosystèmes et paysages, Yves Luginbühl, September 2013

Les nouveaux services à la mobilité, coordinated by Thomas Vidal, January 2014

フランス語版への謝辞

本書の出版に当たっては、フランスの陸上輸送研究・技術革新調整プログラムであるPreditの業務グループ4「物流・物品輸送」（GO#4）を通じ、二度にわたって支援を受けた。当該省庁から受領した資金は明らかに重要な要素であったが、それだけでなく業務グループは評価者や委員会を通じ、常に意見を寄せ、質の高い議論を交わしてくれた。したがって、コメントを寄せてくれたPreditのメンバーと名も明かされない評価者たち、本作の準備期間中に的確なアドバイスをくださったPreditの事務次官ルイ・フェルニーク（Louis Fernique）氏に感謝の意を表したい。

さらに、GO#4の社長であるオリビエ・モーレル（Olivier Maurel）氏、副社長であるナタリー・ファブ-コステ（Nathalie Fabbe-Costes）氏、絶え間なく細やかで親切なサポートを提供してくれた主幹秘書ミシェル・ジュリアン（Michel Julien）氏に心より感謝する。最後に、Preditプログラムがフランス国外からの研究参加にオープンであったことから、フランス人以外の研究チーム（我々の場合はカナダとスイスの研究チーム）の参加が可能になったことも助けになった。多国籍のパートナーシップが、2つのプロジェクトを底上げしたことは間違いない。

また、カジノ（Casino）のサプライチェーン・ディレクターでありイージーディス（Easydis）社社長であるジュリー・バディシュ（Julie Badiche）氏と、カルフール（Carrefour）のサプライチェーン・ディレクターでありクラブ・デーメテール・アンヴィロンヌマン・エ・ロジスティーク（Club Déméter Environnement et Logistique）社社長であるディディエ・ティボー（Didier Thibaud）氏という産業界のエグゼクティブ・マネージャーにも感謝の意を表したい。この二人により提供されたデータを使用し、彼らのチームと協力できたことで本書がよりよいものになった。このデータに関わる作業は、クラブ・デーメテール・アンヴィロンヌマン・エ・ロジスティークによる共同配送に関する研究の枠組みの中で行われたため、我々が使用した情報の検証に貢献してくれたClubのワーキンググループのメンバーにも感謝している。最後に、フィジカルインターネット・イニシアティブ（Physical Internet Initiative）の同僚たちに対し、可能な限り多くの活発な意見交換を行い、本書で説明するフィジカルインターネットのビジョンの形成に多大な貢献をしてくれたことに深く感謝したい。また、セルジオ・バルバリノ（Sergio Barbarino）氏、グザヴィエ・ペローダン（Xavier Perraudin）氏、イヴ・サレ（Yves Sallez）氏、および記載したプロジェクトに関わったすべての研究者の協力にも感謝する。

関係省庁の正式名称は以下の通り
エコロジー・持続可能開発・エネルギー省（MEDDE）、経済・生産再建・デジタル省（MERPN）、国民教育・高等教育・研究省（MENESR）、国立研究機構（ANR）、フランス環境エネルギー管理庁（ADEME）、旧イノーベーション省（Oseo、現在のBpifrance）

【研究への協力者】

本書は、国際的な協力関係を通じて行われた共同研究により完成した。本書の価値に賛同した以下の研究者の取り組みの結果である。
(肩書はフランス語版出版当時)

Mines ParisTech – Paris, France
Eric Ballot, professor
Frédéric Fontane, associate professor
Shenle Pan, assistant professor
Rochdi Sarraj, researcher

Laval University – Quebec, QC, Canada
Benoit Montreuil, professor
Driss Hakimi, researcher

Ecole Polytechnique Fédérale de Lausanne – Lausanne, Switzerland
Rémy Glardon, professor
Michaël Thémans, deputy director, TRACE
Olivier Gobet, researcher

著　者
エリック・バロー　Eric Ballot　(パリ国立鉱業高等学校教授)
ブノア・モントルイユ　Benoit Montreuil　(ジョージアエ科大学教授)
ラッセル・D・メラー　Russell D. Meller　(アーカンソー大学教授)

翻　訳
荒木 勉
上智大学名誉教授、東京理科大学経営学部教授
ヤマトグループ総合研究所専務理事

フィジカルインターネット
企業間の壁崩す物流革命

英語原題　The Physical Internet
フランス語原題　L'internet physique

2020年6月29日　第1版第1刷発行

発行者　伊藤 暢人
発　行　日経BP
発　売　日経BPマーケティング
〒105-8308
東京都港区虎ノ門4-3-12
https://business.nikkei.com/
編　集　村上 富美
装丁・制作　エステム　伊藤 健一、森下 千晶
校　閲　円水社
聚珍社
印刷・製本　大日本印刷株式会社
翻訳協力　レックス

ISBN978-4-296-10605-9
©La Documentation française, 2020　Printed in Japan

本書の無断複写・複製(コピー等)は著作権法上の例外を除き、禁じられています。
購入者以外の第三者による電子データ化及び電子書籍化は、私的使用を含め一切認められておりません。
落丁本、乱丁本はお取り替えいたします。

本書に関するお問い合わせ、ご連絡は下記にて承ります。
https://nkbp.jp/booksQA